COLLECTION POÉSIE

YVES BONNEFOY

Poèmes

Du mouvement et de l'immobilité
de Douve

Hier régnant désert

Pierre écrite

Dans le leurre du seuil

Préface
de Jean Starobinski

GALLIMARD

LA POÉSIE,
ENTRE DEUX MONDES

They look'd as they had heard of a world ransom'd, or one destroyed. « *On eût dit qu'ils venaient d'apprendre la nouvelle d'un monde rédimé ou d'un monde mort.* » *Cette phrase (qui appartient au dernier acte — la reconnaissance — du* Conte d'hiver, *V, 2) se lit en exergue de* Dans le leurre du seuil, *qui constitue la partie conclusive du volume des* Poèmes *d'Yves Bonnefoy.*

Déjà le recueil précédent (maintenant : la troisième des quatre parties que rassemblent les Poèmes*) portait une épigraphe extraite de la même pièce (III, 3) :* Thou mettest with things dying : I with things new born. « *Tu as rencontré ce qui meurt, et moi ce qui vient de naître.* » *Empruntées à une œuvre que Bonnefoy a traduite d'admirable façon, et dont la substance mythique lui est chère, ces épigraphes n'impliquent pas seulement le choix d'un repère dans la grande tradition poétique occidentale ; elles sont la voix du passé qui avertit, qui signale les enjeux actuels ; et elles indiquent avec précision, me semble-t-il, de manière emblématique et séminale, la double question qui prédomine dans la poésie d'Yves Bonnefoy. Le mot* world *nous dit d'abord qu'il y va du monde, ou d'un monde, c'est-à-dire d'une totalité cohérente, et d'un ensemble de rapports réels. Mais l'existence même de ce monde est en suspens, dans l'alternative qui oppose* ransomed *et* destroyed, things dying *et* things new born. *L'œuvre poétique indique par là son souci originel, le lieu de son surgissement, qui est l'instant du* péril, *où tout balance entre vie et* mort, entre « rédemption » et « perdition ». Les épigraphes shakespeariennes, dans la force même de l'antithèse, disent le déchirement, l'insécurité, mais aussi l'élan de l'espoir : seules sources — hors de toute certitude possédée — que Bonnefoy assigne à sa poésie. Ce sont là des constantes. L'épigraphe empruntée à Hegel, en tête de Du mouvement et de l'immobilité de Douve, évoquait déjà l'affrontement de la vie et de la mort. « Mais la vie de l'esprit ne s'effraie point devant la mort et n'est pas celle qui s'en garde pure. Elle est la vie qui la supporte et se maintient en elle. » La question du monde, à son tour, avait été désignée, mais de façon critique, en exergue du second recueil, dans une phrase empruntée à l'Hypérion de Hölderlin : « Tu veux un monde, dit Diotima. C'est pourquoi tu as tout, et tu n'as rien. » Ici encore, la notion du « monde » est liée à une alternative, qui s'établit dans l'opposition majeure du « tout » et du « rien ». Chez un artiste aussi épris de lucidité, le choix des épigraphes équivaut à une déclaration d'intention, guidant la lecture et la compréhension, permettant de saisir le texte nouveau à partir des œuvres du passé dont il a gardé le souvenir, et auxquelles il éprouve le besoin de donner réponse. Le Conte d'hiver est un grand mythe de la réconciliation. Derrière les citations de Hegel et de Hölderlin, on discerne les thèmes néo-platoniciens de l'Un, de la division et de la réintégration Questions dont l'urgence se renouvelle pour Bonnefoy, hors de toute garantie assurée par l'art et la pensée antérieurs : les citations en exergue sont, paroles du passé, un encouragement à penser la situation présente du langage comme un moment où doit renaître la relation humaine, à partir d'un état de dispersion. La parole citée est le viatique — au seuil d'un voyage qui affronte les terres inexplorées, l'espace nocturne, les lieux de désunion.

*

Retenons l'indication : il y va du monde. *Et sans doute importe-t-il de rappeler que le mot* monde *a pris, depuis deux siècles, surtout en poésie, une valeur qu'il n'avait pas auparavant. Dans ses acceptions anciennes, il signifiait d'abord l'ensemble des choses créées régies par l'ordre naturel ; ensuite, dans l'acception religieuse, l'ici-bas dans son opposition à « l'autre monde » ; enfin, de façon plus libre, un large espace terrestre, un continent, « nouveau » ou « ancien ». Quand Shakespeare parle de monde « rédimé » ou « mort », c'est dans le sens religieux qu'il prend le terme, et, accessoirement, dans le dernier sens évoqué ici, celui de continent. Mais, on le sait, Shakespeare, aussi bien que Montaigne, est le témoin d'une crise de la représentation du cosmos. Bientôt vont triompher l'image copernicienne du soleil central, la physique mathématique, l'abstraction calculatrice, doublée par l'expérience disciplinée. Cette nouvelle figure du monde physique a été construite et décrite au prix du refus des apparences sensibles. Le témoignage des sens accréditait un univers de qualités substantielles ; le voici révoqué en doute ; c'est désormais à la seule « inspection de l'esprit » (Descartes) que se révéleront les secrets de la nature. Les corps célestes, les forces utilisables sur cette terre suivent des lois conformes aux règles des nombres, et se laissent ainsi prévoir et dominer. Et si le témoignage des sens est requis dans le dispositif expérimental, c'est au prix de l'abandon de la région première de la vie sensible. L'essor de la physique mathématique, prolongé par celui de la technique, a tout ensemble accru la sécurité matérielle des hommes, et déplacé le lieu du savoir : elles mettent les forces de la nature au service des hommes (des désirs humains, en ce « bas monde »), mais ils ont dû, pour cela, renoncer à contempler les objets naturels, les choses singulières — laissant ainsi en déshérence tout le territoire où ce qui nous environne est perçu dans sa couleur, sa musique, sa consistance palpable. Joachim Ritter a montré que l'attention* esthétique *au paysage, en Occident tout au moins, a pris naissance au moment où certains hommes ont senti ce qu'ils* risquaient de perdre en renonçant aux richesses de la perception spontanée[1]. Mais il a également insisté sur le fait que le paysage ne pouvait être aperçu comme objet de jouissance désintéressée qu'à partir du moment où les techniques scientifiques ont permis aux hommes de se sentir moins menacés par la nature, moins asservis aux tâches de simple subsistance. L'art, la poésie, reçoivent ainsi en partage ce domaine déserté par la raison calculatrice, disqualifié au regard de la science, qui construit des systèmes de rapports algébriques : l'art a désormais pour tâche de le repeupler, d'en dégager les virtualités de bonheur, d'y poursuivre même une sorte de connaissance, fondée sur d'autres preuves, et relevant d'une autre légitimité. Le savoir scientifique « s'instruit sur des systèmes isolés » (je cite Bachelard), et ne reste scientifique que dans la mesure où il se reconnaît tributaire du choix de ses paramètres ; en revanche, l'activité esthétique reprend l'antique fonction de la theoria tou cosmou, de la contemplation du monde comme totalité et comme sens. La poésie, prenant en charge le monde des apparences, ne se borne pas à recueillir l'héritage du monde sensible dont se détourne la pensée scientifique. Le triomphe de la physique et de la cosmologie mathématique a entraîné la disparition des représentations religieuses liées à l'ancienne image du cosmos : il n'y a plus, par-delà les orbites planétaires, d'empyrée, d'habitacle des anges ou de Dieu. Rien, dans l'univers, ne diffère de l'ici-bas : c'est le monde profane qui est le seul bénéficiaire de la mise en application de la rationalité scientifique. Le sacré, s'il ne doit pas disparaître, se réfugie dans l'expérience « intérieure », se lie à l'acte de vivre, à la communication, à l'amour partagé — et prend ainsi pour demeure le sensible, le langage, l'art.

Telle est, me semble-t-il, la condition paradoxale où se trouve la poésie, depuis moins de deux siècles : condition

1. Joachim Ritter, *Subjektivität*, Francfort, 1974, p. 141-190. L'essai sur le paysage a paru en français dans *Argile*, XVI, Paris, été 1978, trad. Gérard Raulet.

précaire, puisqu'elle ne dispose pas du système de preuves qui assure l'autorité du discours scientifique, mais en même temps condition privilégiée où la poésie assume consciemment une fonction ontologique — je veux dire, tout ensemble, une expérience de l'être et une réflexion sur l'être — dont elle n'avait pas eu à porter la charge et le souci dans les siècles antérieurs. Elle a, derrière elle, un monde perdu, un ordre dans lequel elle était incluse, et dont elle sait qu'il ne peut revivre. Elle porte en elle l'espoir d'un nouvel ordre, d'un nouveau sens, dont elle doit imaginer l'instauration. Elle met tout en œuvre pour hâter la venue du monde *encore inexprimé, qui est l'ensemble des rapports vivants dans lesquels nous trouverions la plénitude d'une nouvelle présence. Le monde ainsi pris en charge par la poésie est pensé au futur, comme la récompense du travail poétique. Rimbaud — l'un de ceux qui ont le plus contribué à imposer cette nouvelle acception du mot* monde *— constate : « Nous ne sommes pas au monde », et invoque : « O monde ! et le chant clair des malheurs* nouveaux[2]. *» C'est un espace analogue que désigne le* Weltinnenraum, *vers quoi se tourne, dans l'attente la plus sensible, la pensée de Rilke.*

De cette vocation moderne de la poésie, l'œuvre de Bonnefoy nous propose aujourd'hui l'un des exemples les plus engagés et les plus réfléchis. Ses écrits de poète et d'essayiste, dont l'accent personnel est si marqué, et où le je *de l'assertion subjective se manifeste avec force et simplicité, ont pour objet le rapport au monde, et non la réflexion interne du* moi[3]. *Cette œuvre est l'une des moins narcissiques qui soient. Elle est tout entière tournée vers l'objet extérieur qui lui importe, et dont la singularité, le caractère unique, impliquent toujours la possibilité du partage. L'assertion subjective n'est ainsi que le premier terme*

2. Voir le commentaire de « Génie » que propose Bonnefoy dans son *Rimbaud*, Paris, 1961, p. 147-148.

3. Cf. John E. Jackson, *La Question du sujet. Un aspect de la modernité poétique européenne : T.S. Eliot, Paul Celan, Yves Bonnefoy*, Neuchâtel, La Baconnière, 1978.

d'une relation dont la forme développée est l'interpellation : le *toi* qui s'adresse à autrui (à la réalité hors du moi), mais également le *toi* dans lequel le poète transcrit un appel qui lui est adressé, sont au moins aussi insistants que le *je* de l'affirmation personnelle. Le moi, pourrait-on dire, est tenu en éveil par le souci du monde, dont il est comptable à travers son emploi du langage. Recourant au vocabulaire de l'éthique, Bonnefoy nous dit que l'enjeu est un bien *commun* — bien qui doit nécessairement se réaliser et s'éprouver dans l'expérience individuelle, mais non pour le seul bénéfice de l'individu séparé. Le sujet, le moi, si fortement présent dans l'acte d'énonciation, ne reste pas seul en scène dans ce qu'il énonce : il fait largement place à l'autre, à ce qui requiert compassion, et il accepte que la conscience individuelle, face au monde, se plie à l'exigence d'une vérité dont elle n'a pas le droit de disposer arbitrairement. Le solipsisme de tant de « discours poétiques » de l'âge moderne est ce que Bonnefoy récuse avec le plus de vigueur. Ce n'est pas le moi, mais le monde qui doit être « rédimé », ou plus exactement : le moi ne peut être « rédimé » que si le monde l'a été avec lui. Sur ce point encore, l'épigraphe choisie est parfaitement révélatrice.

Pour avoir pratiqué, un temps de sa jeunesse, les mathématiques, l'histoire des sciences, la logique, Bonnefoy connaît d'expérience l'attrait de la pensée abstraite, la joie que peut éprouver l'esprit à construire l'édifice des concepts et des relations pures. Mais comme Bachelard, dont il a suivi l'enseignement scientifique, il sait que la rigueur du savoir demande le sacrifice des évidences immédiates, des images premières — et il ne peut s'y résigner. Bachelard, lui aussi, après avoir exalté l'ascèse scientifique s'était épris de ce qu'il avait lui-même rejeté : les convictions rêveuses, la configuration que le désir donne à l'espace, les vertus imaginaires que nous prêtons à la matière. A la différence de Bachelard, ce n'est pas d'une dimension d'imaginaire que Bonnefoy éprouve le besoin pour sauvegarder le feu nécessaire à la vie, mais d'une réalité simple, pleine, porteuse de sens — d'une terre, dira-t-il avec insistance. Non que l'imaginaire, le rêve n'aient exercé sur l'esprit de Bonnefoy une séduction persistante : les quelques années où il sympathisa avec le surréalisme l'attestent. Mais il a très tôt éprouvé que ce qui se révélait dans la « merveille » surréaliste, c'était non l'« arrière-fond de l'expérience sensible, aux richesses inaperçues de la raison ordinaire, mais la mauvaise présence, celle par quoi ce qui est s'absente au moment même où il paraît à nos yeux, se clôt à notre lecture[4]... » A relire ce texte où Yves Bonnefoy s'est expliqué sur sa rupture avec les surréalistes, on voit avec netteté ce qui, à ses yeux, devait prévaloir contre l'image, où brille « l'idée d'une autre lumière » : c'est « la réalité » (« qui est plus que le surréel »), « les choses simples », « la figure de notre lieu », enfin le « monde » :

> [...] Il n'est de présence vraie que si la sympathie, qui est la connaissance en son acte, a pu passer comme un fil non seulement par quelques aspects qui se prêtent aux rêveries mais par toutes les dimensions de l'objet, du monde, les assumant, les réintégrant à une unité que je sens pour ma part que nous garantit la terre, en son évidence, la terre qui est la vie[5].

Le reproche que Bonnefoy adresse au surréalisme, symétrique et inverse de celui qu'il adresse à la science, c'est d'avoir déserté le lieu, le monde auquel nous sommes assignés, au nom d'un autre ordre de réalité, qui ne se découvre que de façon fugitive, en des êtres et en des instants privilégiés ; l'aura dont se charge soudain tel être, tel objet, — selon l'expérience surréaliste — a pour effet de nous persuader « qu'une part de notre réalité, cet objet, porte [...] dans son être les traces, à tout le moins, d'une réalité supérieure, ce qui dévalorise les autres choses du

---

4. « Entretien avec John E. Jackson », *L'Arc*, 1976, n° 66, p. 85-92.
5. *Op. cit.*, p. 90.

monde, *par contrecoup, et donne le sentiment que la* terre est *une prison*[6]*... ».* C'est là, pour Bonnefoy, le signe d'une attitude gnostique : attitude qui, pour justifier son refus des apparences du monde, en appelle à la notion de l'unité perdue, de la chute, de la quête nécessaire d'un salut en une autre région du réel. Or la présence du *monde*, et la présence au *monde*, dont Bonnefoy éprouve si intensément la nécessité, lui paraissent devoir être maintenues contre tous les rêves et contre tous les appels qui attirent notre esprit vers des règnes séparés. Le surréalisme, cédant à l'attrait de l'astrologie, de l'occultisme (dont l'ascendant domine les écrits d'après-guerre d'André Breton), ne faisait que proposer une version préscientifique, « magique », du discours même de la science déterministe : sa quête du secret ne l'éloignait pas moins de l'immédiat, du « simple », de l'existence concrète, et, de ce fait, n'était pas moins séparante que la loi des concepts et des nombres.

Observons ici que le monde dont Bonnefoy cherche à assurer l'émergence ne prend tout son sens que de l'opposition dont il se soutient : il est le monde reconquis sur l'abstraction, le monde dégagé des eaux nocturnes du rêve ; et ceci implique effort, travail, voyage. Le monde, même si l'on doit parvenir enfin à reconnaître qu'il était déjà là, est d'abord absent, voilé et doit être rejoint, par le regard et la parole, à partir d'une situation d'écart et de privation. Tous les textes de Bonnefoy — poésie, proses, essais — comportent une suite de moments, comparables à ceux d'une traversée, où veille un désir partagé entre le souvenir et l'espoir, entre le froid nocturne et la chaleur d'un feu nouveau, entre la dénonciation du « leurre » et la visée du but. Ils se situent, pour ainsi dire, entre deux mondes (dans l'histoire personnelle, comme dans l'histoire collective) : il y eut un monde, une plénitude de sens, mais qui ont été perdus, brisés, dissipés. (C'est l'affirmation par laquelle commencent les doctrines gnostiques — et de les partager sur ce point rend

6. *Op. cit.*, p. 89.

Bonnefoy d'autant plus attentif à s'en séparer dans les étapes ultérieures.) Pour qui ne se laisse pas prendre aux chimères, ni au désespoir, il y aura à nouveau un monde, un lieu habitable ; et ce lieu n'est pas « ailleurs », ni « là-bas », il est « ici » — en le lieu même, retrouvé comme un nouveau rivage, sous une nouvelle lumière. Mais le nouveau rivage n'est lui-même que pressenti, préfiguré, inventé par l'espoir. Si bien que cet espace, entre deux mondes, *peut être considéré comme le champ dans lequel se développe la parole de Bonnefoy, — champ qui s'ouvre nécessairement aux images du cheminement et du voyage, qui appelle la narration parfois, avec toutes les « aventures » qui interviennent dans les récits de quête : errances, pièges, fausses routes, entrées dans des ports ou des jardins. De fait, cette projection dans l'espace n'est qu'une image, une virtualité allégorique dont Bonnefoy sait qu'il lui faut aussi bien se défendre. Entre deux mondes : le trajet est essentiellement de vie et de pensée, il est constitué par le changement de la relation aux objets et aux êtres, par le développement d'une expérience du langage.*

L'extrême exigence de Bonnefoy, quant à l'authenticité du monde second auquel il souhaite aboutir, détermine une série de mises en garde ou de fins de non-recevoir, à l'égard de ce qui risque d'en détourner, ou d'en tenir lieu à trop bon compte. Il faut aller jusqu'à dire qu'en raison même de sa projection dans le futur, en avant du point où notre recherche s'est portée, le monde second se définit moins par son caractère propre (qui ne pourrait se révéler que par son avènement même) que par le refus des mondes illusoires ou partiels qui se proposent à sa place.

La dimension d'avenir et d'espoir est capitale. Si intense que soit le sentiment d'un monde perdu, Bonnefoy ne laisse pas prévaloir le regard rétrospectif, la pensée nostalgique. Maintes fois, certes, il laisse entendre que dans le passé des cultures humaines, il y eut une alliance sacrée avec la terre, dont le témoignage a été recueilli par les mythologies : mais la parole mythique, maintenant tarie, ne peut renaître semblable à ce qu'elle fut. Elle ne fait qu'indiquer une possibilité de « plénitude » dont l'existence humaine a été capable, dans un monde antérieur à la scission qui a séparé le langage de la science (du concept) et celui de la poésie. Il appartient désormais à la poésie, ou du moins à une nouvelle pratique de la parole, d'inventer un nouveau rapport au monde — rapport qui, tout chargé de mémoire qu'il puisse être, ne sera pas la répétition de l'ancienne alliance. Si l'on voit briller fugitivement, chez Bonnefoy, la lumière de l'unité révolue, ce n'est jamais pour donner lieu à une rêverie restauratrice (ou régressive), qui s'accommoderait du simulacre d'un retour : Bonnefoy se borne à évoquer, avec force, mais sans insistance, une première intimité avec l'innocence naturelle. Car la rupture, ou la « chute », sont pour lui trop évidentes pour qu'il s'engage dans une activité de pure restitution : les rêveries de l'âge d'or, le lyrisme de l'idylle lui sont étrangers. Une telle « fixation du regret » ne peut être imaginée que par qui voudrait faire l'économie des affrontements difficiles, et se contenter d'une « image » à la place du « réel » manquant. Nul passéisme donc, alors même qu'un certain passé, difficilement localisable, apparaît comme privilégié par rapport à notre condition présente. Le monde premier ne peut plus nous servir de refuge. S'il arrive à Bonnefoy, dans ses essais, d'utiliser des mots, des verbes surtout, marqués par le préfixe de répétition — « ranimer » ou « recentrer » la parole, « recommencer une terre », « retrouver la présence » — sachons que ce n'est jamais pour inviter à revenir à une ancienne plénitude, à lui attribuer une autorité indépassable : il s'agit de définir le monde second, comme le lieu d'une nouvelle vie, d'une autre plénitude, d'une unité différente, par quoi la perte du monde premier puisse être comme réparée. Marquant ses distances à l'égard du christianisme et de Hegel, Bonnefoy n'en reste pas moins attaché à une certaine figure du dépassement, du pas en avant, qui espère trouver à la fin, dans une vérité simplifiée et plus étroitement possédée, grâce au travail de la médiation (qui est épreuve et mort), ce qui fut perdu ou quitté au commencement. *Le regard en arrière, certes, n'est pas récusé : œuvres, langues, mythes appellent la méditation et l'écoute, mais pour nourrir l'espoir et pour orienter l'esprit vers ce qui est encore l'inconnu.*

Confier la tâche au langage, à la poésie, c'est, pour Bonnefoy, poser en principe que le monde second a son fondement dans l'acte de parole qui nomme les choses et qui en appelle à « l'être » dans la communication vivante avec autrui (notre prochain). Cette tâche, Bonnefoy, dans ses textes sur l'art et sur la poésie, la définit principalement, par voie de négation, en dénonçant le péril attaché à l'exercice du langage, lorsque celui-ci, rompant avec le monde, et surtout avec autrui, opte orgueilleusement pour sa propre perfection autonome. Il l'a souvent rappelé lui-même, et les commentateurs, à commencer par Maurice Blanchot, y ont porté une attention suffisamment soutenue pour qu'il faille développer à nouveau tous les arguments dont Bonnefoy arme sa mise en garde contre les séductions qui nous détourneraient de la quête du « vrai lieu » et qui nous « empiégeraient » (mot qui dit si bien l'immobilisation finalement malheureuse) dans un univers séparé : cette mise en garde n'est pas de seule théorie ; elle n'est pas un article de doctrine esthétique ou anti-esthétique — prônant une sorte de « mort de l'art » comme condition de l'accès au monde second ; à lire L'Arrière-pays, *qui témoigne du cheminement personnel, on constate qu'il s'agit d'un péril intérieurement éprouvé — dans la tentation gnostique d'un « ailleurs », dans la fièvre suscitée par l'appel, « là-bas », d'un « vrai lieu », mais qui n'est qu'illusoirement le vrai lieu, puisqu'il exigerait la désertion de l'ici, de la réalité dans laquelle le poète se voit décentré, exilé. Séparer est une faute : et c'est la faute que commettent les « diseurs de mots[7] » quand ils abandonnent le « réel » (ou l'être), pour*

---

7. « Le poète est un diseur de mots », écrit Pierre Jean Jouve, dans *Tombeau de Baudelaire*. L'étude de Bonnefoy sur Jouve (dans *Le Nuage rouge*) écarte l'idée d'un salut par la poésie.

les notions ; quand le rêve se détourne vers le lointain : quand l'image, dans sa gloire, prévaut sur l'humble présence des choses : quand le livre ou l'œuvre s'isolent en leur perfection close, à l'écart, dans la pureté « abstraite » de leur structure. Il y a dans le langage une puissance mortelle — quand il évince la réalité en l'occultant, en lui substituant l'image, le reflet insubstantiel. Il faut alors le ramener au silence. Mais rien ne peut faire que le langage ne soit aussi le porteur de notre « espoir de présence ». C'est donc dans l'écriture même qu'est logé le péril qui décidera d'un « monde mort » ou d'un « monde rédimé ». S'il y a quelque part un danger qui menace l'« être », Bonnefoy ne s'en prétend pas indemne et n'en accuse pas seulement un maléfice qui lui serait étranger : l'époque, la société, les idéologies trompeuses. Il accepte de le percevoir dans les signes que trace sa main, dans les objets dont la beauté retient son regard, dans la fausse route « gnostique » où risque de s'égarer son propre rêve de salut. Il existe donc, pour Bonnefoy, non seulement une première scission (dans laquelle, nous l'avons vu, le « concept » porte sa part de responsabilité), mais de surcroît une perte redoublée, lorsque la délivrance est cherchée dans un « monde-image », à travers, encore une fois, ce que Bonnefoy nomme « concept », mais alors pour désigner les mots purifiés, les essences verbales, les formes rêvées. Le monde-image est le produit d'une faute aggravée même si, à sa source, l'on doit reconnaître un espoir véritable d'unité, le mouvement qui veut la plénitude : mais le mouvement s'est figé en « masque », et construit l'obstacle qui s'interposera entre notre désir et sa finalité, — la présence réelle. Certes, le monde-image, le monde-masque est la négation du monde appauvri et « désassemblé » où nous vivons en état d'attente : mais ces mots, ces essences, qui sont nés du sacrifice de l'immédiat, de la mise à mort de la donnée première de l'existence, ne donnent pas naissance et vie au monde second : ils brillent de l'éclat de la mort. L'exigence dont Bonnefoy se fait le porte-parole (exigence éthique ou plutôt ontologique, beaucoup plus qu'esthétique) réclame une seconde

18

negation, une seconde mort, une négation de la négation : négation « existentielle » de la négation « intellectuelle » dont l'œuvre était le produit : que soit rompue, consumée, injuriée, brisée la figure close dans laquelle s'isolait la « Beauté », le système (le monde verbal) dans lequel s'emprisonnait la langue ou mieux l'œuvre comme langue : que de cette mort traversée naisse la parole, l'acte vivant de la communication. Ajoutons aussitôt, sur ce point, une remarque : c'est parce que les organismes conceptuels dans leur orgueil expansif, dans leur rayonnement « froid » et aussi dans leur pouvoir d'occultation prennent figure de monde, que ce mot lui-même, le plus souvent, cède la place à d'autres, lorsqu'il s'agit de désigner ce que nous avons nommé le « monde second » : Bonnefoy parle plus volontiers de terre seconde (titre d'un essai figurant dans Le Nuage rouge), ou de pays ; il dit encore vrai lieu. Car le mot monde, lourd des réminiscences antiques, où le cosmos se voit attribuer le caractère stable de l'harmonie, ne dit pas assez la finitude, la condition mortelle, le temps donné en instants passagers, qui sont le lot de la vie terrestre, à laquelle notre acquiescement est demandé. Et l'on voit Bonnefoy recourir assez régulièrement au mot monde pour dénoncer les mondes intelligibles, les langues[8], repliés sur leur vaine perfection.

La terre retrouvée, grâce à une parole qui aurait pouvoir de réunir, de rassembler. Ce verbe, souvent employé par Bonnefoy dans ses essais, et qui apparaît à la fin du Leurre du seuil, appartient à la catégorie des vocables que nous avons signalés : commençant par le préfixe de répétition, mais ne signifiant pas un simple retour. Rassembler (conjugué le plus souvent au conditionnel, mode de l'espoir qui ne détient pas la certitude), c'est réaliser cette « co-présence » que le concept avait promise, mais non pas vraiment accomplie. Il annonçait la saisie simultanée : con-cipere, be-greifen, — leur parenté étymologique en fait presque les équivalents de rassembler. Mais, si l'on

8. Ainsi, dans Le Nuage rouge, 1977 p. 280.

écoute Bonnefoy, le concept universalise la pensée de l'objet, mais manque l'objet lui-même, dans sa présence finie. L'orgueil de la saisie spirituelle esquive la douleur de l'incarnation : dans un terme insistant, Bonnefoy parle, à ce propos, d'excarnation. A l'opposé, le rassemblement, tel qu'il se définit dans quelques-uns des textes les plus saisissants de Bonnefoy, fait tenir ensemble, sous la lumière de l'instant, des existences précaires, soutenues par le sens, accédant à l'être par la grâce d'une parole qui a su s'ouvrir à elles, les préférer à elle-même, dans la confiance et la compassion.

La terre, le lieu, le simple, n'ont donc pas besoin de déployer devant nous un monde au complet : il suffit de quelques mots nécessaires qui l'annoncent en précurseurs et lui apportent sa preuve de vérité. La « terre seconde » ne se rejoint pas dans le foisonnement des espèces sensibles, dans le mauvais infini du dénombrement des choses (à moins que, selon l'une des qualités de Saint-John Perse qu'admire Bonnefoy, chaque mot, chargé de la mémoire du réel, ne soit capable de réveiller les divinités instantanées, rencontrées autrefois dans l'enfance, au sein du monde naturel). Son intuition fondamentale ne le porte pas vers la luxuriance verbale, les grands flux lexicaux, la polyphonie des perceptions, — même s'il attribue au langage régénéré la puissance de soulèvement de la vague (c'est « le flot qui soulève[9] », « la vague sans limite sans réserve[10] »). L'arche qu'il bâtit n'est pas celle de l'exhaustivité. Ne doivent revivre en poésie que les vocables qui ont traversé, pour la conscience du poète, l'épreuve du sens, qui ont été arrachés au froid et à l'inertie, pour s'unir par un lien vivant. Ce n'est pas, pour Bonnefoy, la multiplicité des objets dénotés qui importe, mais la qualité de la relation qui les met en présence réciproque — relation que l'on dirait syntaxique, si la syntaxe ne s'épuisait dans l'ordre qu'elle institue : il s'agit, dans l'espoir de Bonnefoy,

9. *Le Nuage rouge*, p. 343.
10. *Poèmes*, ci-après, p. 332.

d'un mouvement qui instaure (ou restaure) un ordre, qui traverse et qui ouvre — la métaphore de l'ouverture étant dès lors apte à concilier la fidélité (retrouver le monde, ou du moins le remémorer) et la fonction inaugurale dévolue à la parole (commencer de vivre selon le sens). Le projet maintes fois exprimé par Bonnefoy, c'est de « clarifier » quelques-uns des mots « qui aident à vivre ». Vœu apparemment limité, mais qui prend un élan conquérant dans l'image de l'aube (« cette lueur qui paraît à l'est, au plus épais de la nuit ») ou du feu qui naît et devient brasier. La tâche assignée à la poésie consiste à faire « vivre ensemble, et s'ouvrir à un rayonnement infini, quelques grands mots ranimés[11] ». L'infini est dans le rayonnement, non dans la multiplicité des mots. Ou, comme le dit un texte plus récent :

Qu'on n'« abolisse » plus le hasard, comme les mots le permettent, mais qu'on l'assume, au contraire, et la présence d'autrui, à quoi l'on sacrifie l'infini, et notre présence à nous-même, conséquente, vont nous ouvrir un possible. Des événements, ceux qui ponctuent le destin, vont se détacher, signifiants, du champ des apparences muettes. Certains mots — le pain et le vin, la maison, et même l'orage ou la pierre — vont semblablement, mots de communion, mots du sens, se dégager de la trame des concepts. Et un lieu va se faire, de ces assomptions et de ces symboles, qui, bien que rien, certes, dans sa substance dernière, sera notre forme d'homme accomplie, et donc l'unité en acte et l'avènement de l'être, en son absolu. L'incarnation, ce dehors du rêve, est un bien proche[12].

D'autres textes, semblablement orientés, introduisent des considérations qui visent à atténuer l'aspect de parousie ou

11. *Un rêve fait à Mantoue*, repris dans *L'Improbable*, nouvelle édition 1980, p. 266.
12. *Le Nuage rouge* p. 278-279.

d'utopie qui pourtant n'est jamais complètement séparable de l'avènement de la « terre seconde ». Du moins insistent-ils sur l'idée qu'elle n'est jamais atteinte une fois pour toutes. Et ils affirment la responsabilité centrale du sujet (promu souvent au collectif : nous) qui fait acte de langage :

> [...] Si on se voue aux mots qui disent le foyer, l'arbre, le chemin, l'errance, le retour, non, ce ne serait pas nécessairement une délivrance ; même dans un monde sacralisé l'esprit de possession peut renaître, faisant de la présence une fois de plus un objet, et d'un savoir vivant une science encore, et du coup pauvre : mais au moins qui le veut pourrait œuvrer sans contradiction intérieure à rassembler ce que l'avarice désassemble, et se reformerait alors cette co-présence où la terre devient parole, et où le cœur s'apaise puisqu'il peut enfin l'écouter et mêler même sa voix à d'autres. Le monde de ces mots-là, en effet, n'a de structure qu'à travers nous, qui l'avons bâti du sable et de la chaux pris dehors[13].

L'évidence de cette conviction, portée par une écriture tout ensemble ardente et patiente, n'a pas besoin d'être confirmée par des témoignages extérieurs. Je ne puis toutefois m'empêcher de mentionner ici ce que je lis chez l'un des meilleurs philosophes de ce temps. Au terme de sa Logique de la philosophie, qui prolonge et réinterprète la pensée hégélienne, Éric Weil dispose la catégorie du Sens, et insiste sur la présence : « La poésie est créatrice de sens concret. Où il n'y a pas cette création (qui peut être, et à certains moments de l'histoire, ne peut être que création contre un sens existant, création destructive), il n'y a pas poésie, et elle existe partout où apparaît un sens, quelle qu'en soit la "forme". [...] Dans cette acception la plus large ou la plus profonde [...] la poésie n'est pas

---

13. *Le Nuage rouge*, p. 342-343. C'est nous qui soulignons.

affaire de gens doués et de talents : elle est l'homme même [...].
La poésie est la présence [...]. Elle est l'Unité immédiate, et le
poète ne sait pas [...] s'il a parlé de lui ou du monde[14]. »

Ce que dit ici un penseur épris de rigueur conceptuelle s'inscrit et se fixe une fois pour toutes, dans une formulation définitive. Or ce qui, dans une visée convergente, caractérise l'approche de Bonnefoy, c'est la multiplicité des formes et des figures métaphoriques à travers lesquelles est évoqué l'avènement possible de la présence et de l'unité. A ne considérer que les essais et les textes en prose de Bonnefoy, nous pourrions citer encore une dizaine de passages analogues à ceux qui viennent d'être partiellement transcrits. Textes où se retrouvent, certes, des mots identiques, et le même usage du conditionnel de l'espoir, mais dont le rythme, le système des images se renouvellent à chaque fois — pour dire inlassablement une même transfiguration, qui est l'éclairement du réel, une fois toute forme conceptuelle écartée. Cet avènement, Bonnefoy en répète la promesse en la variant sans cesse, comme pour abolir la figure qu'il lui avait donnée dans une précédente écriture, et pour en prouver la possibilité par la mobilité, par l'infinie liberté, par la rupture des limites. On y reconnaîtra le meilleur témoignage d'une espérance tenace qui saisit toutes les occasions de s'expliciter, dans un élan qui n'est jamais le même quoique toujours orienté vers le même but. L'incessant renouvellement, dans l'énoncé de l'espoir, est requis dans la mesure même où la « présence » aspire à se dégager d'une angoisse, et à se distinguer de tout ce qui se fixe dans une écriture. Pour que la « présence » ne soit pas occultée par les images qui la nomment, ou qui simplement l'appellent, il faut que celles-ci soient fluides, impermanentes, qu'elles puissent se glisser, pour ainsi dire, les unes sous les autres, que la demeure, la terre, le feu, l'instant puissent échanger leur pouvoir symbolique. Cet aspect des essais et des textes sur l'art les apparente très étroitement aux

14. Éric Weil, *Logique de la philosophie*, Paris, 1950, p. 421-422.

Poèmes *eux-mêmes*. *L'énoncé critique, dans ces pages, est en rapport de continuité avec la voix qui parle dans les œuvres poétiques. Le poème constitue la mise à l'épreuve de ce qui, dans l'essai, n'est que désigné à distance : l'horizon commun, visé à travers l'essai et la poésie de Bonnefoy, est (pour reprendre un terme qui vient souvent sous sa plume) un même* instant. *Son approche s'annonce dans la luminosité accrue, dans le sentiment de la simplification et de la réconciliation, — dans une autre diction où l'accent du consentement succède à celui de la lutte, tandis que s'espace, jusque dans la syntaxe, le réseau des contraintes formelles.*

Mais la multiplicité des élans qui, dans les essais de Bonnefoy, se portent jusqu'à l'orée de la présence enfin tenue pour possible, appelle encore un autre commentaire : ces élans sont si nombreux parce que, l'espoir une fois déclaré, force est bien de revenir au monde — ou plutôt à l'absence de monde à quoi nous a voués l'histoire ; force est bien de faire retour à notre temps d'errance et d'attente, à l'espace entre deux mondes. Et de là, repartir à nouveau. Après avoir salué l'aube, célébré même le jour nouveau, être ramené au gris et au froid, — non certes sans un certain savoir, non sans un avertissement sur les pièges à éviter, sur les illusions du désir.

Renaissent aussi la tentation des mondes séparés, l'appel des images, le secours demandé à l'écriture et à ses formes captives. Si bien que s'impose à nouveau la nécessité de s'arracher à ce « monde-image », d'appeler sur lui la « foudre » qui consume — pour que nos yeux s'ouvrent sur le « vrai lieu ». Le recommencement *est devenu, dans la réflexion de Bonnefoy, un motif insistant :*

> *Un moment de lumière vraie sur quelque chemin pierreux que je suivrai un matin, un soir, ce sera bien assez pour projeter sur l'écrit cet éclairage frisant qui en révèle les reliefs vains et les trous déserts. Et cette vérité plus haute m'aidera donc à corriger mon désir, à le simplifier : pour un*

autre rêve bien sûr dans encore une autre écriture — on ne peut dénouer le cercle — mais celle-ci à la fois plus élémentaire et plus englobante, un lieu où autrui serait déjà mieux reçu et la finitude mieux comprise. Écrire, certes, — qui a jamais pu ne pas le faire ? Mais désécrire, aussi bien, par une expérience complémentaire au poème, par la maturation que lui seul permet, les fantasmes et les chimères dont notre passé, autrement, obscurcirait notre vue. Et au total, non plus désormais quelque livre aveuglément confirmé deux ans après par un autre, mais une vie où, l'écrit n'étant plus dans sa profondeur même de polysémies et d'images qu'un brouillon qui s'effacerait à mesure, ce qui se ferait peu à peu, et parlerait comme tel, c'est une présence à soi, un destin : la finitude qui se fait claire et veille ainsi sur le sens. Non, ce livre que je termine n'est rien, et précisément parce qu'il est tout. Monde que saisit mon regard à cet instant de la marche, c'est aussi bien le pas qu'on laisse derrière soi, la halte qui peut redevenir avancée par une décision qui vient en nous d'autre chose qu'elle, — la voie, dès lors, vers cet invisible en avant, qui est le lieu[15].

Le recommencement est ici assumé comme la condition même d'un progrès. Mais deux temps distincts sont affirmés et il nous est dit qu'ils doivent se répéter : le moment où l'espoir s'enferme dans le monde des mots qu'il a lui-même construits, et la rupture, « en avant », qui sacrifie les mots, pour un avenir habité par plus de vérité. Quitter le monde aride pour « écrire », puis quitter l'écriture (inévitable faute), pour le « lieu ». Cela même ne peut que s'écrire, et n'échappe au péril qu'en s'écrivant à nouveau, d'autre façon, dans des mots ressentis comme moins opaques. Le progrès à travers recommencements et ruptures est peut-être ce qui devient plus nettement évident, maintenant que les quatre recueils poétiques de Bonnefoy se trouvent

15. *Le Nuage rouge*, p. 76.

rassemblés en un seul volume de Poèmes. *Chacune des quatre parties constitutives trace un parcours, organise la séquence de ses éléments en les orientant dans la direction du « vrai lieu ». Placés côte à côte, rassemblés sous une même couverture, chacun des aboutissements perd la qualité d'absolu que nous aurions été tentés de lui attribuer, devient provisoire, comme la crête d'une vague destinée à retomber, pour être suivie d'une autre vague. Et pour qui lit le recueil comme il faut le lire — c'est-à-dire d'affilée — il est évident que de proche en proche le parcours — entre deux mondes — se dessine avec plus d'ampleur, d'un trait moins crispé, dans une transparence qui accepte en nombre accru les formes du visible. La quatrième partie,* Dans le leurre du seuil, *commence par le constat du reflux : le rassemblement (qui avait eu lieu) s'est défait, le sens (qui avait rayonné) s'est dissipé ; l'on se retrouve dans la nuit. A ce qui se révèle n'avoir été qu'un rêve (où manquait le « célébrable »), succède un autre rêve. La négation est à nouveau présente, en position initiale :*

Mais non, toujours
D'un déploiement de l'aile de l'impossible
Tu t'éveilles, avec un cri,
Du lieu, qui n'est qu'un rêve[16].

Le dehors est à nouveau perçu non dans sa présence incarnée, dans sa finitude, mais comme le reflet seulement d'un monde situé ailleurs :

L'aire, qui semble peinte sur le vide,
Les masses du safre clair dans le ravin,
A peine frémissent-ils, reflet peut-être
D'autres arbres et d'autres pierres sur un fleuve[17].

16. *Poèmes,* p. 253. Sur l'aile qui vibre au ciel, et sa valeur de signe annonciateur d'un « là-bas » — donc d'un « arrière-pays » — il faut lire l'essai sur Morandi, dans *Le Nuage rouge,* p. 112.
17. *Poèmes,* p. 253.

Se dire que l'apparence n'est que reflet, c'est là, selon Bonne-foy, l'éternelle tentation « platonisante », qui hante la pensée occidentale. Il le rappelle dans une étude récente sur le haïku, où l'occasion s'offre de confronter deux attitudes face au réel :

> Et moi qui veux montrer la nuée étincelante, le nuage blanc où tout se perd et dissipe, eh bien je suis en cet instant même, par la pensée, dans un de nos villages sur des monta-gnes, aux lourdes maisons de safre, un de ces lieux comme n'en a pas le Japon, faits pour retenir l'absolu dans notre existence comme on préserve un feu entre les pierres de l'â-tre : et je sors de l'une à demi ruinée mais en cela une vie, et je regarde à l'horizon, au couchant, un nuage rouge embra-ser le ciel de sa lumière, dont je me demande toujours si elle n'est pas le reflet d'une autre[18].

À l'avenir même, l'« élan vers l'impossible » se répétera, nous dit ce texte récent, alors qu'à la fin du Leurre du seuil, répondant au second vers du long poème (où se déployait « l'ai-le de l'impossible »), l'unité s'annonce parmi les choses redeve-nues présentes, — « aile de l'impossible reployée[19] ». Le pas n'est donc jamais gagné. Il faudra repartir dans le rêve, et à nouveau le renier.

Le renier ? Peut-être, finalement, Bonnefoy (auteur d'admi-rables récits de rêve) en arrive-t-il à une sorte de trêve armée. Peut-être, sans perdre son espoir du « vrai lieu », en arrive-t-il à accepter que l'espace de la parole soit l'entre-deux-mondes, et même en une double acception : entre le monde aride de notre exil et le monde-image construit par les mots, puis entre ce mirage et le « jardin de présence ». Peut-être faut-il consentir à l'image, à la forme, aux structures des langues (qui sont l'exil conceptuel), pour accéder à la présence, qui n'est pas une trans-

18. Préface à *Haïku*, avant-propos et texte français de Roger Munier, Paris, 1978, p. XXXV-XXXVI.

19. *Poèmes*, p. 332.

cendance seconde, mais un retour consentant à la vérité précaire
des apparences. L'image peut nous y conduire, malgré son
« froid », si nous évitons de la solidifier, si nous savons lui faire
avouer sa propre précarité. A la fin du Leurre du seuil, *les
mondes* (où je lis : *mondes-images*) se reforment, après leur
dissipation :

Cendre
Des mondes imaginaires dissipés,

Aube, pourtant,
Où des mondes s'attardent près des cimes.
Ils respirent, pressés
L'un contre l'autre, ainsi
Des bêtes silencieuses.
Ils bougent, dans le froid[20].

Les deux temps — d'un refus de l'imaginaire, puis d'un
retour de l'imaginaire, mais pluralisé, et devenu « respi-
rant » — sont ici, à mes yeux, marqués de la façon la plus mani-
feste. Tout se passe comme si l'imaginaire, accusé d'avoir occul-
té le réel, d'avoir calomnié l'apparence, de s'être constitué en
monde séparé, était finalement accueilli comme partie légitime
d'un plus vaste monde réconcilié. Un texte sur Bashô indique à
merveille le même consentement à ce qui avait été dénoncé
comme puissance masquante (la langue comme structure stable,
la beauté formelle), à la condition qu'intervienne immédiate-
ment ce qui produit l'ouverture. Bonnefoy discerne la fine ligne
de partage qui marque, à l'intérieur d'un poème bref (le haï-
ku), l'écart entre deux mondes :

[...] A écouter plus intensément on entend deux sons sous
cette apparence d'étoiles fixes, deux sons à la fois distincts e.

20 *Poèmes*, p. 331.

28

très proches comme le cri de la chouette, et cette union dans la différence est en sa durée brève la dialectique même, d'égarement et retour [...]. Les notions, oui, d'abord, cette structure qui tend à être dès qu'il y a des mots dans nos bouches, avec entre eux ces échanges d'éclairs dans l'intelligible [...]. Au moment de l'excarnation, toujours virtuel dans la langue comme sa faute native, le cri de l'incarnation succède. Lequel est aussi minime parfois qu'une feuille sèche qui tombe, mais que faut-il de plus que quelques rides sur l'eau pour que l'idée de l'instant trouble la paix de l'essence[21] ?

Les deux temps — et l'écart entre deux mondes — se rapprochent ici à l'extrême — instaurant une « dialectique » ramassée dans la « durée brève ». Un examen attentif montrerait que cette « dialectique » est à l'œuvre, à chaque moment, dans le tissu même du Leurre du seuil, si bien que l'entre-deux-mondes ne se fait pas seulement sentir entre l'ouverture et les lignes finales du poème, mais partout, et jusque dans les derniers vers :

Les mots comme le ciel
Aujourd'hui,
Quelque chose qui s'assemble, qui se disperse.

Les mots comme le ciel,
Infini
Mais tout entier soudain dans la flaque brève[22].

L'élément double est partout : monde-image des mots et espace ouvert du ciel ; temps du rassemblement, aussitôt suivi de dispersion ; infinité, mais capturée dans la « flaque brève »

21. Le Nuage rouge, p. 344.
22. Poèmes, p. 332.

(reflet et image légitimés, en raison même de leur précarité, de leur brièveté) ; espace du haut, où passent les nuées, et sol terrestre, où l'eau séjourne humblement dans la flaque... Dans ces mots simples, le conflit est apaisé, mais le seuil n'a pas été franchi : la paix qui s'établit laisse subsister l'écart entre les mondes, l'opposition sans laquelle l'unité ne porterait pas sens.

Jean Starobinski.

L'entretien avec John E. Jackson, cité en note au cours de cette préface, figure dorénavant dans le volume d'Yves Bonnefoy *Entretiens sur la poésie*, la Baconnière, Neuchâtel, 1981.

ANTI-PLATON

(1947)

I

Il s'agit bien de *cet* objet : tête de cheval plus grande que nature où s'incruste toute une ville, ses rues et ses remparts courant entre les yeux, épousant le méandre et l'allongement du museau. Un homme a su construire de bois et de carton cette ville, et l'éclairer de biais d'une lune vraie, il s'agit bien de *cet* objet : la tête en cire d'une femme tournant échevelée sur le plateau d'un phonographe.

Toutes choses d'ici, pays de l'osier, de la robe, de la pierre, c'est-à-dire : pays de l'eau sur les osiers et les pierres, pays des robes tachées. Ce rire couvert de sang, je vous le dis, trafiquants d'éternel, visages symétriques, absence du regard, pèse plus lourd dans la tête de l'homme que les parfaites Idées, qui ne savent que déteindre sur sa bouche.

II

L'arme monstrueuse une hache aux cornes d'ombre
     portée sur les pierres,
Arme de la pâleur et du cri quand tu tournes blessée
     dans ta robe de fête,
Une hache puisqu'il faut que le temps s'éloigne sur ta
     nuque,
O lourde et tout le poids d'un pays sur tes mains l'arme
     tombe.

III

Quel sens prêter à cela : un homme forme de cire et de couleurs le simulacre d'une femme, le pare de toutes les ressemblances, l'oblige à vivre, lui donne par un jeu d'éclairages savant cette hésitation même au bord du mouvement qu'exprime aussi le sourire.

Puis s'arme d'une torche, abandonne le corps entier aux caprices de la flamme, assiste à la déformation, aux ruptures de la chair, projette dans l'instant mille figures possibles, s'illumine de tant de monstres, ressent comme un couteau cette dialectique funèbre où la statue de sang renaît et se divise, dans la passion de la cire, des couleurs ?

IV

Le pays du sang se poursuit sous la robe en courses
     toujours noires
Quand on dit, Ici commence la chair de nuit et s'en-
     sablent les fausses routes
Et toi savante tu creuses pour la lumière de hautes
     lampes dans les troupeaux
Et te renverses sur le seuil du pays fade de la mort.

V

Captif d'une salle, du bruit, un homme mêle des cartes. Sur l'une : « Éternité, je te hais ! » Sur une autre : « Que cet instant me délivre ! »

Et sur une troisième encore l'homme écrit : « Indispensable mort. » Ainsi sur la faille du temps marche-t-il, éclairé par sa blessure.

VI

Nous sommes d'un même pays sur la bouche de la
     terre,
Toi d'un seul jet de fonte avec la complicité des
     feuillages
Et celui qu'on appelle moi quand le jour baisse
Et que les portes s'ouvrent et qu'on parle de mort.

VII

Rien ne peut l'arracher à l'obsession de la chambre noire. Penché sur une cuve essaye-t-il de fixer sous la nappe d'eau le visage : toujours le mouvement des lèvres triomphe.

Visage démâté, visage en perdition, suffit-il de toucher ses dents pour qu'elle meure ? Au passage des doigts elle peut sourire, comme cède le sable sous les pas.

VIII

Captive entre deux voleurs de surfaces vertes calcinée
Et ta tête pierreuse offerte aux draperies du vent,
Je te regarde pénétrer dans l'été (comme une mante
        funèbre dans le tableau des herbes noires),
Je t'écoute crier au revers de l'été.

IX

On lui dit : creuse ce peu de terre meuble, sa tête, jusqu'à ce que tes dents retrouvent une pierre.

Sensible seulement à la modulation, au passage, au frémissement de l'équilibre, à la présence affirmée dans son éclatement déjà de toute part, il cherche la fraîcheur de la mort envahissante, il triomphe aisément d'une éternité sans jeunesse et d'une perfection sans brûlure.

Autour de cette pierre le temps bouillonne. D'avoir touché cette pierre : les lampes du monde tournent, l'éclairage secret circule.

DU MOUVEMENT
ET DE L'IMMOBILITÉ
DE DOUVE

(1953)

> *Mais la vie de l'esprit ne s'effraie point devant la mort et n'est pas celle qui s'en garde pure. Elle est la vie qui la supporte et se maintient en elle.*
>
> Hegel.

I

Je te voyais courir sur des terrasses,
Je te voyais lutter contre le vent,
Le froid saignait sur tes lèvres.

Et je t'ai vue te rompre et jouir d'être morte ô plus belle
Que la foudre, quand elle tache les vitres blanches de
    ton sang.

L'été vieillissant te gerçait d'un plaisir monotone, nous méprisions l'ivresse imparfaite de vivre.

« Plutôt le lierre, disais-tu, l'attachement du lierre aux pierres de sa nuit : présence sans issue, visage sans racine.

« Dernière vitre heureuse que l'ongle solaire déchire, plutôt dans la montagne ce village où mourir.

« Plutôt ce vent... »

III

Il s'agissait d'un vent plus fort que nos mémoires,
Stupeur des robes et cri des rocs — et tu passais devant
    ces flammes
La tête quadrillée les mains fendues et toute
En quête de la mort sur les tambours exultants de tes
    gestes.

C'était jour de tes seins
Et tu régnais enfin absente de ma tête.

IV

Je me réveille, il pleut. Le vent te pénètre, Douve, lande résineuse endormie près de moi. Je suis sur une terrasse, dans un trou de la mort. De grands chiens de feuillages tremblent.

Le bras que tu soulèves, soudain, sur une porte, m'illumine à travers les âges. Village de braise, à chaque instant je te vois naître, Douve,

A chaque instant mourir.

V

Le bras que l'on soulève et le bras que l'on tourne
Ne sont d'un même instant que pour nos lourdes têtes,
Mais rejetés ces draps de verdure et de boue
Il ne reste qu'un feu du royaume de mort.

La jambe démeublée où le grand vent pénètre
Poussant devant lui des têtes de pluie
Ne vous éclairera qu'au seuil de ce royaume,
Gestes de Douve, gestes déjà plus lents, gestes noirs.

VI

Quelle pâleur te frappe, rivière souterraine, quelle
artère en toi se rompt, où l'écho retentit de ta chute ?

Ce bras que tu soulèves soudain s'ouvre, s'enflamme.
Ton visage recule. Quelle brume croissante m'arrache
ton regard ? Lente falaise d'ombre, frontière de la
mort.

Des bras muets t'accueillent, arbres d'une autre rive.

VII

Blessée confuse dans les feuilles,
Mais prise par le sang de pistes qui se perdent,
Complice encor du vivre.

Je t'ai vue ensablée au terme de ta lutte
Hésiter aux confins du silence et de l'eau,
Et la bouche souillée des dernières étoiles
Rompre d'un cri l'horreur de veiller dans ta nuit.

O dressant dans l'air dur soudain comme une roche
Un beau geste de houille.

VIII

La musique saugrenue commence dans les mains, dans les genoux, puis c'est la tête qui craque, la musique s'affirme sous les lèvres, sa certitude pénètre le versant souterrain du visage.

A présent se disloquent les menuiseries faciales. A présent l'on procède à l'arrachement de la vue.

IX

Blanche sous un plafond d'insectes, mal éclairée, de
     profil
Et ta robe tachée du venin des lampes,
Je te découvre étendue,
Ta bouche plus haute qu'un fleuve se brisant au loin
     sur la terre.

Être défait que l'être invincible rassemble,
Présence ressaisie dans la torche du froid,
O guetteuse toujours je te découvre morte,
Douve disant Phénix je veille dans ce froid.

X

Je vois Douve étendue. Au plus haut de l'espace charnel je l'entends bruire. Les princes-noirs hâtent leurs mandibules à travers cet espace où les mains de Douve se développent, os défaits de leur chair se muant en toile grise que l'araignée massive éclaire.

XI

Couverte de l'humus silencieux du monde,
Parcourue des rayons d'une araignée vivante,
Déjà soumise au devenir du sable
Et tout écartelée secrète connaissance.

Parée pour une fête dans le vide
Et les dents découvertes comme pour l'amour,

Fontaine de ma mort présente insoutenable.

XII

Je vois Douve étendue. Dans la ville écarlate de l'air, où combattent les branches sur son visage, où des racines trouvent leur chemin dans son corps — elle rayonne une joie stridente d'insectes, une musique affreuse.

Au pas noir de la terre, Douve ravagée, exultante, rejoint la lampe noueuse des plateaux.

XIII

Ton visage ce soir éclairé par la terre,
Mais je vois tes yeux se corrompre
Et le mot visage n'a plus de sens.

La mer intérieure éclairée d'aigles tournants,
Ceci est une image.
Je te détiens froide à une profondeur où les images ne
        prennent plus.

XIV

Je vois Douve étendue. Dans une pièce blanche, les yeux cernés de plâtre, bouche vertigineuse et les mains condamnées à l'herbe luxuriante qui l'envahit de toutes parts.

La porte s'ouvre. Un orchestre s'avance. Et des yeux à facettes, des thorax pelucheux, des têtes froides à becs, à mandibules, l'inondent.

XV

O douée d'un profil où s'acharne la terre,
Je te vois disparaître.

L'herbe nue sur tes lèvres et l'éclat du silex
Inventent ton dernier sourire,

Science profonde où se calcine
Le vieux bestiaire cérébral.

XVI

Demeure d'un feu sombre où convergent nos pentes ! Sous ses voûtes je te vois luire, Douve immobile, prise dans le filet vertical de la mort.

Douve géniale, renversée : quand au pas des soleils dans l'espace funèbre, elle accède lentement aux étages inférieurs.

XVII

Le ravin pénètre dans la bouche maintenant,
Les cinq doigts se dispersent en hasards de forêt
    maintenant,
La tête première coule entre les herbes maintenant,
La gorge se farde de neige et de loups maintenant,
Les yeux ventent sur quels passagers de la mort et c'est
    nous dans ce vent dans cette eau dans ce froid
    maintenant.

XVIII

Présence exacte qu'aucune flamme désormais ne saurait restreindre ; convoyeuse du froid secret ; vivante, de ce sang qui renaît et s'accroît où se déchire le poème,

Il fallait qu'ainsi tu parusses aux limites sourdes, et d'un site funèbre où ta lumière empire, que tu subisses l'épreuve.

O plus belle et la mort infuse dans ton rire ! J'ose à présent te rencontrer, je soutiens l'éclat de tes gestes.

XIX

Au premier jour du froid notre tête s'évade
Comme un prisonnier fuit dans l'ozone majeur,
Mais Douve d'un instant cette flèche retombe
Et brise sur le sol les palmes de sa tête.

Ainsi avions-nous cru réincarner nos gestes,
Mais la tête niée nous buvons une eau froide,
Et des liasses de mort pavoisent ton sourire,
Ouverture tentée dans l'épaisseur du monde.

AUX ARBRES

Vous qui vous êtes effacés sur son passage,
Qui avez refermé sur elle vos chemins,
Impassibles garants que Douve même morte
Sera lumière encore n'étant rien.

Vous fibreuse matière et densité,
Arbres, proches de moi quand elle s'est jetée
Dans la barque des morts et la bouche serrée
Sur l'obole de faim, de froid et de silence.

J'entends à travers vous quel dialogue elle tente
Avec les chiens, avec l'informe nautonier,
Et je vous appartiens par son cheminement
A travers tant de nuit et malgré tout ce fleuve.

Le tonnerre profond qui roule sur vos branches,
Les fêtes qu'il enflamme au sommet de l'été
Signifient qu'elle lie sa fortune à la mienne
Dans la médiation de votre austérité.

Que saisir sinon qui s'échappe,
Que voir sinon qui s'obscurcit,
Que désirer sinon qui meurt,
Sinon qui parle et se déchire ?

Parole proche de moi
Que chercher sinon ton silence,
Quelle lueur sinon profonde
Ta conscience ensevelie,

Parole jetée matérielle
Sur l'origine et la nuit ?

LE SEUL TÉMOIN

I

Ayant livré sa tête aux basses flammes
De la mer, ayant perdu ses mains
Dans son anxieuse profondeur, ayant jeté
Aux matières de l'eau sa chevelure ;
Étant morte, puisque mourir est ce chemin
De verticalité sous la lumière,
Et ivre encore étant morte : ô je fus,
Ménade consumée, dure joie mais perfide,
Le seul témoin, la seule bête prise
Dans ces rets de ta mort que furent sables
Ou rochers ou chaleur, ton signe disais-tu.

II

Elle fuit vers les saules ; le sourire
Des arbres l'enveloppe, simulant
La joie simple d'un jeu. Mais la lumière
Est sombre sur ses mains de suppliante,
Et le feu vient laver sa face, emplir sa bouche
Et rejeter son corps dans le gouffre des saules.

O t'abîmant du flanc de la table osirienne
Dans les eaux de la mort !
Une dernière fois de tes seins
Éclairant les convives.
Mais répandant le jour de ta tête glacée
Sur la stérilité des sites infernaux.

III

Le peu d'espace entre l'arbre et le seuil
Suffit pour que tu t'élances encore et que tu meures
Et que je croie revivre à la lumière
D'ombrages que tu fus.

Et que j'oublie
Ton visage criant sur chaque mur,
O Ménade peut-être réconciliée
Avec tant d'ombre heureuse sur la pierre.

IV

Es-tu vraiment morte ou joues-tu
Encore à simuler la pâleur et le sang,
O toi passionnément au sommeil qui te livres
Comme on ne sait que mourir ?

Es-tu vraiment morte ou joues-tu
Encore en tout miroir
A perdre ton reflet, ta chaleur et ton sang
Dans l'obscurcissement d'un visage immobile ?

V

Où maintenant est le cerf qui témoigna
Sous ces arbres de justice,
Qu'une route de sang par elle fut ouverte,
Un silence nouveau par elle inventé.

Portant sa robe comme lac de sable, comme froid,
Comme cerf pourchassé aux lisières,
Qu'elle mourut, portant sa robe la plus belle,
Et d'une terre vipérine revenue ?

VI

Sur un fangeux hiver, Douve, j'étendais
Ta face lumineuse et basse de forêt.
Tout se défait, pensai-je, tout s'éloigne.

Je te revis violente et riant sans retour,
De tes cheveux au soir d'opulentes saisons
Dissimuler l'éclat d'un visage livide.

Je te revis furtive. En lisière des arbres
Paraître comme un feu quand l'automne resserre
Tout le bruit de l'orage au cœur des frondaisons.

O plus noire et déserte ! Enfin je te vis morte,
Inapaisable éclair que le néant supporte,
Vitre sitôt éteinte, et d'obscure maison.

VRAI NOM

Je nommerai désert ce château que tu fus,
Nuit cette voix, absence ton visage,
Et quand tu tomberas dans la terre stérile
Je nommerai néant l'éclair qui t'a porté.

Mourir est un pays que tu aimais. Je viens
Mais éternellement par tes sombres chemins.
Je détruis ton désir, ta forme, ta mémoire,
Je suis ton ennemi qui n'aura de pitié.

Je te nommerai guerre et je prendrai
Sur toi les libertés de la guerre et j'aurai
Dans mes mains ton visage obscur et traversé,
Dans mon cœur ce pays qu'illumine l'orage.

La lumière profonde a besoin pour paraître
D'une terre rouée et craquante de nuit.
C'est d'un bois ténébreux que la flamme s'exalte.
Il faut à la parole même une matière,
Un inerte rivage au delà de tout chant.

Il te faudra franchir la mort pour que tu vives,
La plus pure présence est un sang répandu.

PHÉNIX

L'oiseau se portera au-devant de nos têtes,
Une épaule de sang pour lui se dressera.
Il fermera joyeux ses ailes sur le faîte
De cet arbre ton corps que tu lui offriras.

Il chantera longtemps s'éloignant dans les branches,
L'ombre viendra lever les bornes de son cri.
Refusant toute mort inscrite sur les branches
Il osera franchir les crêtes de la nuit.

Cette pierre ouverte est-ce toi, ce logis dévasté,
Comment peut-on mourir ?

J'ai apporté de la lumière, j'ai cherché,
Partout régnait le sang.
Et je criais et je pleurais de tout mon corps.

VRAI CORPS

Close la bouche et lavé le visage,
Purifié le corps, enseveli
Ce destin éclairant dans la terre du verbe,
Et le mariage le plus bas s'est accompli.

Tue cette voix qui criait à ma face
Que nous étions hagards et séparés,
Murés ces yeux : et je tiens Douve morte
Dans l'âpreté de soi avec moi refermée.

Et si grand soit le froid qui monte de ton être,
Si brûlant soit le gel de notre intimité,
Douve, je parle en toi ; et je t'enserre
Dans l'acte de connaître et de nommer.

ART POÉTIQUE

Visage séparé de ses branches premières,
Beauté toute d'alarme par ciel bas,

En quel âtre dresser le feu de ton visage
O Ménade saisie jetée la tête en bas ?

Douve parle

Quelle parole a surgi près de moi,
Quel cri se fait sur une bouche absente ?
A peine si j'entends crier contre moi,
A peine si je sens ce souffle qui me nomme.

Pourtant ce cri sur moi vient de moi,
Je suis muré dans mon extravagance.
Quelle divine ou quelle étrange voix
Eût consenti d'habiter mon silence ?

UNE VOIX

Quelle maison veux-tu dresser pour moi,
Quelle écriture noire quand vient le feu ?

*

J'ai reculé longtemps devant tes signes,
Tu m'as chassée de toute densité.

*

Mais voici que la nuit incessante me garde,
Par de sombres chevaux je me sauve de toi.

UNE AUTRE VOIX

Secouant ta chevelure ou cendre de Phénix,
Quel geste tentes-tu quand tout s'arrête,

Et quand minuit dans l'être illumine les tables ?

※

Quel signe gardes-tu sur tes lèvres noires,
Quelle pauvre parole quand tout se tait,

Dernier tison quand l'âtre hésite et se referme ?

※

Je saurai vivre en toi, j'arracherai
En toi toute lumière,

Toute incarnation, tout récif, toute loi.

※

Et dans le vide où je te hausse j'ouvrirai
La route de la foudre,

Ou plus grand cri qu'être ait jamais tenté.

Si cette nuit est autre que la nuit,
Renais, lointaine voix bénéfique, réveille
L'argile la plus grave où le grain ait dormi,
Parle : je n'étais plus que terre désirante,
Voici les mots enfin de l'aube et de la pluie.
Mais parle que je sois la terre favorable,
Parle s'il est encor un jour enseveli.

DOUVE PARLE

I

Quelquefois, disais-tu, errante à l'aube
Sur des chemins noircis,
Je partageais l'hypnose de la pierre,
J'étais aveugle comme elle.
Or est venu ce vent par quoi mes comédies
Se sont élucidées en l'acte de mourir.

Je désirais l'été,
Un furieux été pour assécher mes larmes,
Or est venu ce froid qui grandit dans mes membres,
Et je fus éveillée et je souffris.

II

O fatale saison,
O terre la plus nue comme une lame !
Je désirais l'été,
Qui a rompu ce fer dans le vieux sang ?

Vraiment je fus heureuse
A ce point de mourir.
Les yeux perdus, mes mains s'ouvrant à la souillure
D'une éternelle pluie.

Je criais, j'affrontais de ma face le vent...
Pourquoi haïr, pourquoi pleurer, j'étais vivante,
L'été profond, le jour me rassuraient.

III

Que le verbe s'éteigne
Sur cette face de l'être où nous sommes exposés,
Sur cette aridité que traverse
Le seul vent de finitude.

Que celui qui brûlait debout
Comme une vigne,
Que l'extrême chanteur roule de la crête
Illuminant
L'immense matière indicible.

Que le verbe s'éteigne
Dans cette pièce basse où tu me rejoins,
Que l'âtre du cri se resserre
Sur nos mots rougeoyants.

Que le froid par ma mort se lève et prenne un sens.

Demande au maître de la nuit quelle est cette nuit,
Demande : que veux-tu, ô maître disjoint ?
Naufragé de ta nuit, oui je te cherche en elle,
Je vis de tes questions, je parle dans ton sang,
Je suis le maître de ta nuit, je veille en toi comme la
    nuit.

UNE VOIX

Souviens-toi de cette île où l'on bâtit le feu
De tout olivier vif au flanc des crêtes,
Et c'est pour que la nuit soit plus haute et qu'à l'aube
Il n'y ait plus de vent que de stérilité.
Tant de chemins noircis feront bien un royaume
Où rétablir l'orgueil que nous avons été,
Car rien ne peut grandir une éternelle force
Qu'une éternelle flamme et que tout soit défait.
Pour moi je rejoindrai cette terre cendreuse,
Je coucherai mon cœur sur son corps dévasté.
Ne suis-je pas ta vie aux profondes alarmes,
Qui n'a de monument que Phénix au bûcher ?

Demande pour tes yeux que les rompe la nuit,
Rien ne commencera qu'au delà de ce voile,
Demande ce plaisir que dispense la nuit
De crier sous le cercle bas d'aucune lune,
Demande pour ta voix que l'étouffe la nuit.

Demande enfin le froid, désire cette houille.

UNE VOIX

J'ai porté ma parole en vous comme une flamme,
Ténèbres plus ardues qu'aux flammes sont les vents.
Et rien ne m'a soumise en si profonde lutte,
Nulle étoile mauvaise et nul égarement.
Ainsi ai-je vécu, mais forte d'une flamme,
Qu'ai-je d'autre connu que son recourbement
Et la nuit que je sais qui viendra quand retombent
Les vitres sans destin de son élancement ?
Je ne suis que parole intentée à l'absence,
L'absence détruira tout mon ressassement.
Oui, c'est bientôt périr de n'être que parole,
Et c'est tâche fatale et vain couronnement.

VOIX BASSES ET PHÉNIX

UNE VOIX

Tu fus sage d'ouvrir, il vint à la nuit,
Il posa près de toi la lampe de pierre.
Il te coucha nouvelle en ta place ordinaire,
De ton regard vivant faisant étrange nuit.

UNE AUTRE VOIX

La première venue en forme d'oiseau
Frappe à ma vitre au minuit de ma veille.
J'ouvre et saisie dans sa neige je tombe
Et ce logis m'échappe où je menais grand feu.

UNE VOIX

Elle gisait, le cœur découvert. A minuit,
Sous l'épais feuillage des morts,
D'une lune perdue elle devint la proie,
La maison familière où tout se rétablit.

UNE AUTRE VOIX

D'un geste il me dressa cathédrale de froid,
O Phénix ! Cime affreuse des arbres crevassée
Par le gel ! Je roulais comme torche jetée
Dans la nuit même où le Phénix se recompose.

Mais que se taise celle qui veille encor
Sur l'âtre, son visage étant chu dans les flammes,
Qui reste encore assise, étant sans corps.

Qui parle pour moi, ses lèvres étant fermées,
Qui se lève et m'appelle, étant sans chair,
Qui part laissant sa tête dessinée,

Qui rit toujours, en rire étant morte jadis.

Tais-toi puisqu'aussi bien nous sommes de la nuit
Les plus informes souches gravitantes,
Et matière lavée et retournant aux vieilles
Idées retentissantes où le feu s'est tari,
Et face ravinée d'une aveugle présence
Avec tout feu chassée servante d'un logis,
Et parole vécue mais infiniment morte
Quand la lumière enfin s'est faite vent et nuit.

Ainsi marcherons-nous sur les ruines d'un ciel
      immense,
Le site au loin s'accomplira
Comme un destin dans la vive lumière.

Le pays le plus beau longtemps cherché
S'étendra devant nous terre des salamandres.

Regarde, diras-tu, cette pierre :
Elle porte la présence de la mort.
Lampe secrète c'est elle qui brûle sous nos gestes,
Ainsi marchons-nous éclairés.

HIC EST LOCUS PATRIAE

Le ciel trop bas pour toi se déchirait, les arbres
Envahissaient l'espace de ton sang.
Ainsi d'autres armées sont venues, ô Cassandre,
Et rien n'a pu survivre à leur embrassement.

Un vase décorait le seuil. Contre son marbre
Celui qui revenait sourit en s'appuyant.
Ainsi le jour baissait sur le lieudit *Aux Arbres*.
C'était jour de parole et ce fut nuit de vent.

Le lieu était désert, le sol sonore et vacant,
La clé, facile dans la porte.
Sous les arbres du parc,
Qui allait vivre en telle brume chancelait.

L'orangerie,
Nécessaire repos qu'il rejoignait,
Parut, un peu de pierre dans les branches.

O terre d'un destin ! Une première salle
Criait de feuille morte et d'abandon.
Sur la seconde et la plus grande, la lumière
S'étendait, nappe rouge et grise, vrai bonheur.

LA SALAMANDRE

I

Et maintenant tu es Douve dans la dernière chambre d'été.

Une salamandre fuit sur le mur. Sa douce tête d'homme répand la mort de l'été. « Je veux m'abîmer en toi, vie étroite, crie Douve. Éclair vide, cours sur mes lèvres, pénètre-moi !

« J'aime m'aveugler, me livrer à la terre. J'aime ne plus savoir quelles dents froides me possèdent. »

II

Toute une nuit je t'ai rêvée ligneuse, Douve, pour mieux t'offrir à la flamme. Et statue verte épousée par l'écorce, pour mieux jouir de ta tête éclairante.

Éprouvant sous mes doigts le débat du brasier et des lèvres : je te voyais me sourire. Or, ce grand jour en toi des braises m'aveuglait.

III

« Regarde-moi, regarde-moi, j'ai couru ! »

Je suis près de toi, Douve, je t'éclaire. Il n'y a plus entre nous que cette lampe rocailleuse, ce peu d'ombre apaisé, nos mains que l'ombre attend. Salamandre surprise, tu demeures immobile.

Ayant vécu l'instant où la chair la plus proche se mue en connaissance.

IV

Ainsi restions-nous éveillés au sommet de la nuit de l'être. Un buisson céda.

Rupture secrète, par quel oiseau de sang circulais-tu dans nos ténèbres ?

Quelle chambre rejoignais-tu, où s'aggravait l'horreur de l'aube sur les vitres ?

Quand reparut la salamandre, le soleil
Était déjà très bas sur toute terre,
Les dalles se paraient de ce corps rayonnant.

Et déjà il avait rompu cette dernière
Attache qu'est le cœur que l'on touche dans l'ombre

Sa blessure créa, paysage rocheux,
Une combe où mourir sous un ciel immobile.
Tourné encor à toutes vitres, son visage
S'illumina de ces vieux arbres où mourir.

Cassandre, dira-t-il, mains désertes et peintes,
Regard puisé plus bas que tout regard épris,
Accueille dans tes mains, sauve dans leur étreinte
Ma tête déjà morte où le temps se détruit.

L'Idée me vient que je suis pur et je demeure
Dans la haute maison dont je m'étais enfui.
Oh pour que tout soit simple aux rives où je meure
Resserre entre mes doigts le seul livre et le prix.

Lisse-moi, farde-moi. Colore mon absence.
Désœuvre ce regard qui méconnaît la nuit.
Couche sur moi les plis d'un durable silence,
Éteins avec la lampe une terre d'oubli.

JUSTICE

Mais toi, mais le désert ! étends plus bas
Tes nappes ténébreuses.
Insinue dans ce cœur pour qu'il ne cesse pas
Ton silence comme une cause fabuleuse.

Viens. Ici s'interrompt une pensée,
Ici n'a plus de route un beau pays.
Avance sur le bord de cette aube glacée
Que te donne en partage un soleil ennemi.

Et chante. C'est pleurer deux fois ce que tu pleures
Si tu oses chanter par grand refus.
Souris, et chante. Il a besoin que tu demeures,
Sombre lumière, sur les eaux de ce qu'il fut.

Je prendrai dans mes mains ta face morte. Je la coucherai dans son froid. Je ferai de mes mains sur ton corps immobile la toilette inutile des morts.

L'orangerie sera ta résidence.
Sur la table dressée dans une autre lumière
Tu coucheras ton cœur.
Ta face prendra feu, chassant à travers branches.

Douve sera ton nom au loin parmi les pierres,
Douve profonde et noire,
Eau basse irréductible où l'effort se perdra.

VÉRITÉ

Ainsi jusqu'à la mort, visages réunis,
Gestes gauches du cœur sur le corps retrouvé,
Et sur lequel tu meurs, absolue vérité,
Ce corps abandonné à tes mains affaiblies.

L'odeur du sang sera ce bien que tu cherchais,
Bien frugal rayonnant sur une orangerie.
Le soleil tournera, de sa vive agonie
Illuminant le lieu où tout fut dévoilé.

Tu as pris une lampe et tu ouvres la porte,
Que faire d'une lampe, il pleut, le jour se lève

Qu'une place soit faite à celui qui approche,
Personnage ayant froid et privé de maison.

Personnage tenté par le bruit d'une lampe,
Par le seuil éclairé d'une seule maison.

Et s'il reste recru d'angoisse et de fatigue,
Qu'on redise pour lui les mots de guérison.

Que faut-il à ce cœur qui n'était que silence,
Sinon des mots qui soient le signe et l'oraison,

Et comme un peu de feu soudain la nuit,
Et la table entrevue d'une pauvre maison ?

CHAPELLE BRANCACCI

Veilleuse de la nuit de janvier sur les dalles,
Comme nous avions dit que tout ne mourrait pas !
J'entendais plus avant dans une ombre semblable
Un pas de chaque soir qui descend vers la mer.

Ce que je tiens serré n'est peut-être qu'une ombre,
Mais sache y distinguer un visage éternel.
Ainsi avions-nous pris vers des fresques obscures
Le vain chemin des rues impures de l'hiver.

LIEU DU COMBAT

I

Voici défait le chevalier de deuil.
Comme il gardait une source, voici
Que je m'éveille et c'est par la grâce des arbres
Et dans le bruit des eaux, songe qui se poursuit

Il se tait. Son visage est celui que je cherche
Sur toutes sources ou falaises, frère mort.
Visage d'une nuit vaincue, et qui se penche
Sur l'aube de l'épaule déchirée.

Il se tait. Que peut dire au terme du combat
Celui qui fut vaincu par probante parole ?
Il tourne vers le sol sa face démunie,
Mourir est son seul cri, de vrai apaisement.

II

Mais pleure-t-il sur une source plus
Profonde et fleurit-il, dahlia des morts
Sur le parvis des eaux terreuses de novembre
Qui poussent jusqu'à nous le bruit du monde mort ?

Il me semble, penché sur l'aube difficile
De ce jour qui m'est dû et que j'ai reconquis,
Que j'entends sangloter l'éternelle présence
De mon démon secret jamais enseveli.

O tu reparaîtras, rivage de ma force !
Mais que ce soit malgré ce jour qui me conduit.
Ombres, vous n'êtes plus. Si l'ombre doit renaître
Ce sera dans la nuit et par la nuit.

LIEU DE LA SALAMANDRE

La salamandre surprise s'immobilise
Et feint la mort.
Tel est le premier pas de la conscience dans les pierres,
Le mythe le plus pur,
Un grand feu traversé, qui est esprit.

La salamandre était à mi-hauteur
Du mur, dans la clarté de nos fenêtres.
Son regard n'était qu'une pierre,
Mais je voyais son cœur battre éternel.

O ma complice et ma pensée, allégorie
De tout ce qui est pur,
Que j'aime qui resserre ainsi dans son silence
La seule force de joie.

Que j'aime qui s'accorde aux astres par l'inerte
Masse de tout son corps,
Que j'aime qui attend l'heure de sa victoire,
Et qui retient son souffle et tient au sol.

VRAI LIEU DU CERF

Un dernier cerf se perdant
Parmi les arbres,
Le sable retentira
Du pas d'obscurs arrivants.

Dans la maison traversée
Du bruit des voix,
L'alcool du jour déclinant
Se répandra sur les dalles

Le cerf qu'on a cru retrait
Soudain s'évade.
Je pressens que ce jour a fait
Votre poursuite inutile.

Le jour franchit le soir, il gagnera
Sur la nuit quotidienne.
O notre force et notre gloire, pourrez-vous
Trouer la muraille des morts ?

HIER RÉGNANT
DÉSERT

(1958)

*Tu veux un monde, dit Diotima. C'est
pourquoi tu as tout, et tu n'as rien.*

Hypérion.

MENACES DU TÉMOIN

I

Que voulais-tu dresser sur cette table,
Sinon le double feu de notre mort ?
J'ai eu peur, j'ai détruit dans ce monde la table
Rougeâtre et nue, où se déclare le vent mort.

Puis j'ai vieilli. Dehors, vérité de parole
Et vérité de vent ont cessé leur combat.
Le feu s'est retiré, qui était mon église,
Je n'ai même plus peur, je ne dors pas.

II

Vois, déjà tous chemins que tu suivais se ferment,
Il ne t'est plus donné même ce répit
D'aller même perdu. Terre qui se dérobe
Est le bruit de tes pas qui ne progressent plus.

Pourquoi as-tu laissé les ronces recouvrir
Un haut silence où tu étais venu ?
Le feu veille désert au jardin de mémoire
Et toi, ombre dans l'ombre, où es-tu, qui es-tu ?

III

Tu cesses de venir dans ce jardin,
Les chemins de souffrir et d'être seul s'effacent,
Les herbes signifient ton visage mort.

Il ne t'importe plus que soient cachés
Dans la pierre l'église obscure, dans les arbres
Le visage aveuglé d'un plus rouge soleil,

Il te suffit
De mourir longuement comme en sommeil,
Tu n'aimes même plus l'ombre que tu épouses

IV

Tu es seul maintenant malgré ces étoiles,
Le centre est près de toi et loin de toi,
Tu as marché, tu peux marcher, plus rien ne change,
Toujours la même nuit qui ne s'achève pas.

Et vois, tu es déjà séparé de toi-même,
Toujours ce même cri, mais tu ne l'entends pas,
Es-tu celui qui meurt, toi qui n'as plus d'angoisse,
Es-tu même perdu, toi qui ne cherches pas ?

V

Le vent se tait, seigneur de la plus vieille plainte,
Serai-je le dernier qui s'arme pour les morts ?
Déjà le feu n'est plus que mémoire et que cendre
Et bruit d'aile fermée, bruit de visage mort.

Consens-tu de n'aimer que le fer d'une eau grise
Quand l'ange de ta nuit viendra clore le port
Et qu'il perdra dans l'eau immobile du port
Les dernières lueurs dans l'aile morte prises ?

Oh, souffre seulement de ma dure parole
Et pour toi je vaincrai le sommeil et la mort,
Pour toi j'appellerai dans l'arbre qui se brise
La flamme qui sera le navire et le port.

Pour toi j'élèverai le feu sans lieu ni heure,
Un vent cherchant le feu, les cimes du bois mort,
L'horizon d'une voix où les étoiles tombent
Et la lune mêlée au désordre des morts.

LE BRUIT DES VOIX

Le bruit des voix s'est tu, qui te désignait.
Tu es seul dans l'enclos des barques obscures.
Marches-tu sur ce sol qui bouge, mais tu as
Un autre chant que cette eau grise dans ton cœur,

Un autre espoir que ce départ que l'on assure,
Ces pas mornes, ce feu qui chancelle à l'avant.
Tu n'aimes pas le fleuve aux simples eaux terrestres
Et son chemin de lune où se calme le vent.

Plutôt, dis-tu, plutôt sur de plus mortes rives,
Des palais que je fus le haut délabrement,
Tu n'aimes que la nuit en tant que nuit, qui porte
La torche, ton destin, de tout renoncement.

RIVE D'UNE AUTRE MORT

I

L'oiseau qui s'est dépris d'être Phénix
Demeure seul dans l'arbre pour mourir.
Il s'est enveloppé de la nuit de blessure,
Il ne sent pas l'épée qui pénètre son cœur.

Comme l'huile a vieilli et noirci dans les lampes,
Comme tant de chemins que nous étions, perdus,
Il fait un lent retour à la matière d'arbre.

Il sera bien un jour,
Il saura bien un jour être la bête morte,
L'absence au col tranché que dévore le sang.

Il tombera dans l'herbe, ayant trouvé
Dans l'herbe le profond de toute vérité,
Le goût du sang battra de vagues son rivage.

II

L'oiseau se défera par misère profonde,
Qu'était-il que la voix qui ne veut pas mentir,
Il sera par orgueil et native tendance
A n'être que néant, le chant des morts.

Il vieillira. Pays aux formes nues et dures
Sera l'autre versant de cette voix.
Ainsi noircit au vent des sables de l'usure
La barque retirée où le flot ne va pas.

Il se taira. La mort est moins grave. Il fera
Dans l'inutilité d'être les quelques pas
De l'ombre dont le fer a déchiré les ailes.

Il saura bien mourir dans la grave lumière
Et ce sera parler au nom d'une lumière
Plus heureuse, établie dans l'autre monde obscur

III

Le sable est au début comme il sera
L'horrible fin sous la poussée de ce vent froid.
Où est le bout, dis-tu, de tant d'étoiles,
Pourquoi avançons-nous dans ce lieu froid ?

Et pourquoi disons-nous d'aussi vaines paroles,
Allant et comme si la nuit n'existait pas ?
Mieux vaut marcher plus près de la ligne d'écume
Et nous aventurer au seuil d'un autre froid.

Nous venions de toujours. De hâtives lumières
Portaient au loin pour nous la majesté du froid
— Peu à peu grandissait la côte longtemps vue
Et dite par des mots que nous ne savions pas.

A SAN FRANCESCO, LE SOIR

... Ainsi le sol était de marbre dans la salle
Obscure, où te mena l'inguérissable espoir.
On eût dit d'une eau calme où de doubles lumières
Portaient au loin les voix des cierges et du soir.

Et pourtant nul vaisseau n'y demandait rivage,
Nul pas n'y troublait plus la quiétude de l'eau.
Ainsi, te dis-je, ainsi de nos autres mirages,
O fastes dans nos cœurs, ô durables flambeaux !

LE BEL ÉTÉ

Le feu hantait nos jours et les accomplissait,
Son fer blessait le temps à chaque aube plus grise,
Le vent heurtait la mort sur le toit de nos chambres,
Le froid ne cessait pas d'environner nos cœurs.

Ce fut un bel été, fade, brisant et sombre,
Tu aimas la douceur de la pluie en été
Et tu aimas la mort qui dominait l'été
Du pavillon tremblant de ses ailes de cendre.

Cette année-là, tu vins à presque distinguer
Un signe toujours noir devant tes yeux porté
Par les pierres, les vents, les eaux et les feuillages.

Ainsi le soc déjà mordait la terre meuble
Et ton orgueil aima cette lumière neuve,
L'ivresse d'avoir peur sur la terre d'été.

Souvent dans le silence d'un ravin
J'entends (ou je désire entendre, je ne sais)
Un corps tomber parmi des branches. Longue et lente
Est cette chute aveugle ; que nul cri
Ne vient jamais interrompre ou finir.

Je pense alors aux processions de la lumière
Dans le pays sans naître ni mourir.

A UNE PAUVRETÉ

Tu sauras qu'il te tient dans l'âtre qui s'achève,
Tu sauras qu'il te parle, et remuant
Les cendres de ton corps avec le froid de l'aube,
Tu sauras qu'il est seul et ne s'apaise pas.

Lui qui a tant détruit ; qui ne sait plus
Distinguer son néant de son silence,
Il te voit, aube dure, en ténèbre venir
Et longuement brûler sur le désert des tables.

Le jour se penche sur le fleuve du passé,
Il cherche à ressaisir
Les armes tôt perdues,
Les joyaux de la mort enfantine profonde.

Il n'ose pas savoir
S'il est vraiment le jour
Et s'il a droit d'aimer cette parole d'aube
Qui a troué pour lui la muraille du jour

Une torche est portée dans le jour gris.
Le feu déchire le jour.
Il y a que la transparence de la flamme
Amèrement nie le jour.

Il y a que la lampe brûlait bas,
Qu'elle penchait vers toi sa face grise,
Qu'elle tremblait, dans l'espace des arbres,
Comme un oiseau blessé chargé de mort.
— L'huile brisant aux ports de la mer cendreuse
Va-t-elle s'empourprer d'un dernier jour,
Le navire qui veut l'écume puis la rive
Paraîtra-t-il enfin sous l'étoile du jour ?

Ici la pierre est seule et d'âme vaste et grise
Et toi tu as marché sans que vienne le jour.

LE PONT DE FER

Il y a sans doute toujours au bout d'une longue rue
Où je marchais enfant une mare d'huile,
Un rectangle de lourde mort sous le ciel noir.

Depuis la poésie
A séparé ses eaux des autres eaux,
Nulle beauté nulle couleur ne la retiennent,
Elle s'angoisse pour du fer et de la nuit.

Elle nourrit
Un long chagrin de rive morte, un pont de fer
Jeté vers l'autre rive encore plus nocturne
Est sa seule mémoire et son seul vrai amour.

LES GUETTEURS

I

Il y avait un couloir au fond du jardin,
Je rêvais que j'allais dans ce couloir,
La mort venait avec ses fleurs hautes flétries,
Je rêvais que je lui prenais ce bouquet noir.

Il y avait une étagère dans ma chambre,
J'entrais au soir,
Et je voyais deux femmes racornies
Crier debout sur le bois peint de noir.

Il y avait un escalier, et je rêvais
Qu'au milieu de la nuit un chien hurlait
Dans cet espace de nul chien, et je voyais
Un horrible chien blanc sortir de l'ombre.

II

J'attendais, j'avais peur, je la guettais,
Peut-être enfin une porte s'ouvrait
(Ainsi parfois dans la salle durait
Dans le plein jour une lampe allumée,
Je n'ai jamais aimé que cette rive).

Était-elle la mort, elle ressemblait
A un port vaste et vide, et je savais
Que dans ses yeux avides le passé
Et l'avenir toujours se détruiraient
Comme le sable et la mer sur la rive,

Et qu'en elle pourtant j'établirais
Le lieu triste d'un chant que je portais
Comme l'ombre et la boue dont je faisais
Des images d'absence quand venait
L'eau effacer l'amertume des rives.

LA BEAUTÉ

Celle qui ruine l'être, la beauté,
Sera suppliciée, mise à la roue,
Déshonorée, dite coupable, faite sang
Et cri, et nuit, de toute joie dépossédée
— O déchirée sur toutes grilles d'avant l'aube,
O piétinée sur toute route et traversée,
Notre haut désespoir sera que tu vives,
Notre cœur que tu souffres, notre voix
De t'humilier parmi tes larmes, de te dire
La menteuse, la pourvoyeuse du ciel noir,
Notre désir pourtant étant ton corps infirme,
Notre pitié ce cœur menant à toute boue.

L'ORDALIE

I

J'étais celui qui marche par souci
D'une eau dernière trouble. Il faisait beau
Dans l'été le plus clair. Il faisait nuit
De toujours et sans borne et pour toujours.

Dans la glaise des mers
Le chrysanthème de l'écume et c'était toujours
La même odeur terreuse et fade de novembre
Quand je foulais le noir jardin des morts.

Il y avait
Qu'une voix demandait d'être crue, et toujours
Elle se retournait contre soi et toujours
Faisait de se tarir sa grandeur et sa preuve.

II

Je ne sais pas si je suis vainqueur. Mais j'ai saisi
D'un grand cœur l'arme enclose dans la pierre.
J'ai parlé dans la nuit de l'arme, j'ai risqué
Le sens et au delà du sens le monde froid.

Un instant tout manqua,
Le fer rouge de l'être ne troua plus
La grisaille du verbe,
Mais enfin le feu se leva,
Le plus violent navire
Entra au port.

Aube d'un second jour,
Je suis enfin venu dans ta maison brûlante
Et j'ai rompu ce pain où l'eau lointaine coule.

L'IMPERFECTION EST LA CIME

Il y avait qu'il fallait détruire et détruire et détruire,
Il y avait que le salut n'est qu'à ce prix.

Ruiner la face nue qui monte dans le marbre,
Marteler toute forme toute beauté.

Aimer la perfection parce qu'elle est le seuil,
Mais la nier sitôt connue, l'oublier morte,

L'imperfection est la cime.

VENERANDA

L'orante est seule dans la salle basse très peu claire,
Sa robe a la couleur de l'attente des morts,
Et c'est le bleu le plus éteint qui soit au monde,
Écaillé, découvrant l'ocre des pierres nues.
L'enfance est seule, et ceux qui viennent sont obscurs,
Ils se penchent avec des lampes sur son corps.
Oh, dors-tu ? Ta présence inapaisable brûle
Comme une âme, en ces mots que je t'apporte encor.

Tu es seule, tu as vieilli dans cette chambre,
Tu vaques aux travaux du temps et de la mort.
Vois pourtant, il suffit qu'une voix basse tremble
Pour que l'aube ruisselle aux vitres reparues.

UNE VOIX

J'entretenais un feu dans la nuit la plus simple,
J'usais selon le feu de mots désormais purs,
Je veillais, Parque claire et d'une Parque sombre
La fille moins anxieuse au rivage des murs.

J'avais un peu de temps pour comprendre et pour être,
J'étais l'ombre, j'aimais de garder le logis,
Et j'attendais, j'étais la patience des salles,
Je savais que le feu ne brûlait pas en vain..

VENERANDA

I

Il vient, il est le geste d'une statue,
Il parle, son empire est chez les morts,
Il est géant, il participe de la pierre,
Elle-même le ciel de colère des morts.

Il saisit. Il attire et tient sur son visage,
Lampe qui brûlera dans le pays des morts,
L'infime corps criant et ployé de l'orante,
Il le protège de l'angoisse et de la mort.

II

Il se penche. Désert selon quelque autre cendre
Que soient tes mains guidant l'impatience du feu
Il forme de tes mains la salle aux vitres d'ombre
Où se déchirera la rosace du feu.

Il se penche sur toi. Et grave dans l'effort
Étant sa face grise adorante du feu,
Il touche de son sang les dents de la pleureuse
Froides, larges, ouvertes aux violences du feu

III

Il vient, et c'est vieillir. Parce qu'il te regarde,
Il regarde sa mort qui se déclare en toi.
Il aime que ce bien que tu es le menace,
Regarde-le dormir sous tes grands arbres froids.

Il a confiance, il dort. Arbre de peu d'alarme
Soit ton désir anxieux de ne l'éveiller pas.
— Arbre où pourtant d'un bond se fait déjà la flamme,
Table où le don saisit, comble, consumera.

UNE VOIX

Ortie, ô proue de ce rivage où il se brise,
O debout glacée dans le vent,
Fais-moi le signe de présence, ô ma servante
En robe noire écaillée.

O pierre grise,
S'il est vrai que tu aies la couleur du sang,
Émeus-toi de ce sang qui te traverse,
Ouvre-moi le port de ton cri,

Qu'en toi je vienne vers lui
Qui fait semblant de dormir
La tête close sur toi.

VENERANDA

Il se sépare d'elle, il est une autre terre,
Rien ne réunira ces globes étrangers
Et même pas ce feu qui imite dans l'âtre
Le feu plus grand qui luit sur les mondes déserts.

Comme il importe peu qu'un homme ait eu passage
Dans le rêve, ou rompu les plus antiques fers !
Longue fut cette nuit. Et tant d'années
Auront tourné sur le jardin sombre des mers.

TOUTE LA NUIT

Toute la nuit la bête a bougé dans la salle,
Qu'est-ce que ce chemin qui ne veut pas finir,
Toute la nuit la barque a cherché le rivage,
Qu'est-ce que ces absents qui veulent revenir,
Toute la nuit l'épée a connu la blessure,
Qu'est-ce que ce tourment qui ne sait rien saisir,
Toute la nuit la bête a gémi dans la salle,
Ensanglanté, nié la lumière des salles,
Qu'est-ce que cette mort qui ne va rien guérir ?

Tu te coucheras sur la terre simple,
De qui tenais-tu qu'elle t'appartînt ?

Du ciel inchangé l'errante lumière
Recommencera l'éternel matin.

Tu croiras renaître aux heures profondes
Du feu renoncé, du feu mal éteint.

Mais l'ange viendra de ses mains de cendre
Étouffer l'ardeur qui n'a pas de fin.

LA MÉMOIRE

Il y a que les doigts s'étaient crispés,
Ils tenaient lieu de mémoire,
Il a fallu desceller les tristes forces gardiennes
Pour jeter l'arbre et la mer.

Le chant de sauvegarde

Que l'oiseau se déchire en sables, disais-tu,
Qu'il soit, haut dans son ciel de l'aube, notre rive.
Mais lui, le naufragé de la voûte chantante,
Pleurant déjà tombait dans l'argile des morts.

L'oiseau m'a appelé, je suis venu,
J'ai accepté de vivre dans la salle
Mauvaise, j'ai redit qu'elle était désirable,
J'ai cédé au bruit mort qui remuait en moi.

Puis j'ai lutté, j'ai fait que des mots qui m'obsèdent
Paraissent en clarté sur la vitre où j'eus froid.
L'oiseau chantait toujours de voix noire et cruelle,
J'ai détesté la nuit une seconde fois,

Et j'ai vieilli, passion désormais, âpre veille,
J'ai fait naître un silence où je me suis perdu.
— Plus tard j'ai entendu l'autre chant, qui s'éveille
Au fond morne du chant de l'oiseau qui s'est tu.

LE FEUILLAGE ÉCLAIRÉ

I

Dis-tu qu'il se tenait sur l'autre rive,
Dis-tu qu'il te guettait à la fin du jour ?

L'oiseau dans l'arbre de silence avait saisi
De son chant vaste et simple et avide nos cœurs,
Il conduisait
Toutes voix dans la nuit où les voix se perdent
Avec leurs mots réels,
Avec le mouvement des mots dans le feuillage
Pour appeler encor, pour aimer vainement
Tout ce qui est perdu,
Le haut vaisseau chargé de douleur entraînait
Toute ironie loin de notre rivage,
Il était l'ange de quitter la terre d'âtres et de lampes
Et de céder au goût d'écume de la nuit.

II

La voix était d'ironie pure dans les arbres,
De distance, de mort,
De descellement d'aubes loin de nous

Dans un lieu refusé. Et notre port
Était de glaise noire. Nul vaisseau
N'y avait jamais fait le signe de lumière,
Tout commençait avec ce chant d'aube cruelle,
Un espoir qui délivre, une pauvreté.

C'était comme en labour de terre difficile
L'instant nu, déchiré
Où l'on sent que le fer trouve le cœur de l'ombre
Et invente la mort sous un ciel qui change.

III

Mais dans les arbres,
Dans la flamme des fruits à peine aperçue,
L'épée du rouge et du bleu
Durement maintenait la première blessure,
La soufferte puis l'oubliée quand vint la nuit.

L'ange de vivre ici, le tard venu,
Se déchirait comme une robe dans les arbres,
Ses jambes de feuillage sous les lampes
Paraissaient, par matière et mouvement et nuit.

IV

Il est la terre, elle l'obscure, où tu dois vivre,
Tu ne dénieras pas les pierres du séjour,
Ton ombre doit s'étendre auprès d'ombres mortelles
Sur les dalles où vient et ne vient pas le jour.

Il est la terre d'aube. Où une ombre essentielle
Voile toute lumière et toute vérité.
Mais même en lieu d'exil on a aimé la terre,
Tant il est vrai que rien ne peut vaincre l'amour.

L'INFIRMITÉ DU FEU

Le feu a pris, c'est là le destin des branches,
Il va toucher leur cœur de pierraille et de froid,
Lui qui venait au port de toute chose née,
Aux rives de matière il se reposera.

Il brûlera. Mais tu le sais, en pure perte,
L'espace d'un sol nu sous le feu paraîtra,
L'étoile d'un sol noir sous le feu s'étendra,
L'étoile de la mort éclairera nos routes.

Il vieillira. Le gué où buissonnent les ombres
N'aura étincelé qu'une heure, sous son pas.
L'Idée aussi franchit la matière qu'elle use
Et renonce à ce temps qu'elle ne sauve pas.

Tu entendras
Enfin ce cri d'oiseau, comme une épée
Au loin, sur la paroi de la montagne,
Et tu sauras qu'un signe fut gravé
Sur la garde, au point d'espérance et de lumière.
Tu paraîtras
Sur le parvis du cri de l'oiseau chancelant,
C'est ici que prend fin l'attente, comprends-tu,
Ici dans l'herbe ancienne tu verras
Briller le glaive nu qu'il te faut saisir.

A LA VOIX DE KATHLEEN FERRIER

Toute douceur toute ironie se rassemblaient
Pour un adieu de cristal et de brume,
Les coups profonds du fer faisaient presque silence,
La lumière du glaive s'était voilée.

Je célèbre la voix mêlée de couleur grise
Qui hésite aux lointains du chant qui s'est perdu
Comme si au delà de toute forme pure
Tremblât un autre chant et le seul absolu.

O lumière et néant de la lumière, ô larmes
Souriantes plus haut que l'angoisse ou l'espoir,
O cygne, lieu réel dans l'irréelle eau sombre,
O source, quand ce fut profondément le soir !

Il semble que tu connaisses les deux rives,
L'extrême joie et l'extrême douleur.
Là-bas, parmi ces roseaux gris dans la lumière,
Il semble que tu puises de l'éternel.

TERRE DU PETIT JOUR

L'aube passe le seuil, le vent s'est tu,
Le feu s'est retiré dans la laure des ombres.

Terre des bouches froides, ô criant
Le plus vieux deuil par tes secrètes clues,
L'aube va refleurir sur tes yeux de sommeil,
Découvre-moi souillé ton visage d'orante.

LE RAVIN

Il y a qu'une épée était engagée
Dans la masse de pierre.
La garde était rouillée, l'antique fer
Avait rougi le flanc de la pierre grise.
Et tu savais qu'il te fallait saisir
A deux mains tant d'absence, et arracher
A sa gangue de nuit la flamme obscure.
Des mots étaient gravés dans le sang de la pierre,
Ils disaient ce chemin, connaître puis mourir.

Entre dans le ravin d'absence, éloigne-toi,
C'est ici en pierrailles qu'est le port.
Un chant d'oiseau
Te le désignera sur la nouvelle rive.

L'ÉTERNITÉ DU FEU

Phénix parlant au feu, qui est destin
Et paysage clair jetant ses ombres,
Je suis celui que tu attends, dit-il,
Je viens me perdre en ton grave pays.

Il regarde le feu. Comment il vient,
Comment il s'établit dans l'âme obscure
Et quand l'aube paraît à des vitres, comment
Le feu se tait, et va dormir plus bas que feu.

Il le nourrit de silence. Il espère
Que chaque pli d'un silence éternel,
En se posant sur lui comme le sable,
Aggravera son immortalité.

Tu sauras qu'un oiseau a parlé, plus haut
Que tout arbre réel, plus simplement
Que toute voix d'ici dans nos ramures,
Et tu t'efforceras de quitter le port
De ces arbres, tes cris anciens, de pierre ou cendre.

Tu marcheras,
Tes pas seront longtemps la nuit, la terre nue,

Et lui s'éloignera chantant de rive en rive.

A une terre d'aube

Aube, fille des larmes, rétablis
La chambre dans sa paix de chose grise
Et le cœur dans son ordre. Tant de nuit
Demandait à ce feu qu'il décline et s'achève,
Il nous faut bien veiller près du visage mort.
A peine a-t-il changé... Le navire des lampes
Entrera-t-il au port qu'il avait demandé,
Sur les tables d'ici la flamme faite cendre
Grandira-t-elle ailleurs dans une autre clarté ?
Aube, soulève, prends le visage sans ombre,
Colore peu à peu le temps recommencé.

UNE VOIX

Écoute-moi revivre dans ces forêts
Sous les frondaisons de mémoire
Où je passe verte,
Sourire calciné d'anciennes plantes sur la terre,
Race charbonneuse du jour.

Écoute-moi revivre, je te conduis
Au jardin de présence,
L'abandonné au soir et que des ombres couvrent,
L'habitable pour toi dans le nouvel amour.

Hier régnant désert, j'étais feuille sauvage
Et libre de mourir,
Mais le temps mûrissait, plainte noire des combes,
La blessure de l'eau dans les pierres du jour.

VENERANDA

Oh, quel feu dans le pain rompu, quelle aube
Pure dans les étoiles affaiblies !
Je regarde le jour venir parmi les pierres,
Tu es seule dans sa blancheur vêtue de noir.

Combien d'astres auront franchi
La terre toujours niable,
Mais toi tu as gardé claire
Une antique liberté.

Es-tu végétale, tu
As de grands arbres la force
D'être ici astreinte, mais libre
Parmi les vents les plus hauts.

Et comme naître impatient
Fissure la terre sèche,
De ton regard tu dénies
Le poids des glaises d'étoiles.

Apaisé maintenant, te souviens-tu
D'un temps où nous luttions à grandes armes,
Que restait-il
Dans nos cœurs qu'un désir de nous perdre, infini ?

Nous n'avions pas franchi
La seule grille au soir ou sagesse de vivre
Qui est dans la grisaille et l'acanthe des morts.

Nous n'avions pas aimé
Le feu de longue nuit, l'inlassable patience
Qui fait aube pour nous de tout branchage mort.

LE PAYS DÉCOUVERT

L'étoile sur le seuil. Le vent, tenu
Dans des mains immobiles.
La parole et le vent furent de longue lutte,
Et puis ce fut d'un coup ce silence du vent.

Le pays découvert n'était que pierre grise.
Très loin, très bas gisait l'éclair d'un fleuve nul.
Mais les pluies de la nuit sur la terre surprise
Ont réveillé l'ardeur que tu nommes le temps.

DELPHES DU SECOND JOUR

Ici l'inquiète voix consent d'aimer
La pierre simple,
Les dalles que le temps asservit et délivre,
L'olivier dont la force a goût de sèche pierre

Le pas dans son vrai lieu. L'inquiète voix
Heureuse sous les roches du silence,
Et l'infini, l'indéfini répons
Des sonnailles, rivage ou mort. De nul effroi
Était ton gouffre clair, Delphes du second jour.

ICI, TOUJOURS ICI

Ici, dans le lieu clair. Ce n'est plus l'aube,
C'est déjà la journée aux dicibles désirs.
Des mirages d'un chant dans ton rêve il ne reste
Que ce scintillement de pierres à venir.

Ici, et jusqu'au soir. La rose d'ombres
Tournera sur les murs. La rose d'heures
Défleurira sans bruit. Les dalles claires
Mèneront à leur gré ces pas épris du jour.

Ici, toujours ici. Pierres sur pierres
Ont bâti le pays dit par le souvenir.
A peine si le bruit de fruits simples qui tombent
Enfièvre encore en toi le temps qui va guérir.

La voix de ce qui détruit
Sonne encor dans l'arbre de pierre,
Le pas risqué sur la porte
Peut encore vaincre la nuit.

D'où vient l'Œdipe qui passe ?
Vois, pourtant, il a gagné.
Une sagesse immobile
Dès qu'il répond se dissipe.

Le Sphinx qui se tait demeure
Dans le sable de l'Idée.
Mais le Sphinx parle, et succombe.

Pourquoi des mots ? Par confiance,
Et pour qu'un feu retraverse
La voix d'Œdipe sauvé.

LA MÊME VOIX, TOUJOURS

Je suis comme le pain que tu rompras,
Comme le feu que tu feras, comme l'eau pure
Qui t'accompagnera sur la terre des morts.

Comme l'écume
Qui a mûri pour toi la lumière et le port.

Comme l'oiseau du soir, qui efface les rives,
Comme le vent du soir soudain plus brusque et froid.

L'OISEAU DES RUINES

L'oiseau des ruines se dégage de la mort,
Il nidifie dans la pierre grise au soleil,
Il a franchi toute douleur, toute mémoire,
Il ne sait plus ce qu'est demain dans l'éternel.

DÉVOTION

(1959)

I

Aux orties et aux pierres.

Aux « mathématiques sévères ». Aux trains mal éclai-
rés de chaque soir. Aux rues de neige sous l'étoile sans
limite.
J'allais, je me perdais. Et les mots trouvaient mal leur
voie dans le terrible silence. — Aux mots patients et
sauveurs.

II

A la « Madone du soir ». A la grande table de pierre
au-dessus des rives heureuses. A des pas qui se sont
unis, puis séparés.

A l'hiver oltr'Arno. A la neige et à tant de pas. A la
chapelle Brancacci, quand il fait nuit.

Aux chapelles des îles.

A Galla Placidia. Les murs étroits portant mesure dans nos ombres. A des statues dans l'herbe ; et, comme moi peut-être, sans visage.

A une porte murée de briques couleur du sang sur ta façade grise, cathédrale de Valladolid. A de grands cercles de pierre. A un *paso* chargé de terre morte noire.

A Sainte-Marthe d'Agliè, dans le Canavese. La brique rouge et qui a vieilli prononçant la joie baroque. A un palais désert et clos parmi les arbres. (A tous palais de ce monde, pour l'accueil qu'ils font à la nuit.)

A ma demeure à Urbin entre le nombre et la nuit.

A Saint-Yves de la Sagesse.

A Delphes où l'on peut mourir.

A la ville des cerfs-volants et des grandes maisons de verre où se reflète le ciel.

Aux peintres de l'école de Rimini. J'ai voulu être historien par angoisse de votre gloire. Je voudrais effacer l'histoire par souci de votre absolu.

IV

Et toujours à des quais de nuit, à des pubs, à une voix disant *Je suis la lampe, Je suis l'huile.*

A cette voix consumée par une fièvre essentielle. Au tronc gris de l'érable. A une danse. A ces deux salles quelconques, pour le maintien des dieux parmi nous.

PIERRE ÉCRITE

(1965)

Thou mettest with things dying ;
I with things new born.

Le Conte d'hiver.

L'ÉTÉ DE NUIT

I

Il me semble, ce soir,
Que le ciel étoilé, s'élargissant,
Se rapproche de nous ; et que la nuit,
Derrière tant de feux, est moins obscure.

Et le feuillage aussi brille sous le feuillage,
Le vert, et l'orangé des fruits mûrs, s'est accru,
Lampe d'un ange proche ; un battement
De lumière cachée prend l'arbre universel.

Il me semble, ce soir,
Que nous sommes entrés dans le jardin, dont l'ange
A refermé les portes sans retour.

II

Navire d'un été,
Et toi comme à la proue, comme le temps s'achève,
Dépliant des étoffes peintes, parlant bas.

Dans ce rêve de mai
L'éternité montait parmi les fruits de l'arbre
Et je t'offrais le fruit qui illimite l'arbre
Sans angoisse ni mort, d'un monde partagé.

Vaguent au loin les morts au désert de l'écume,
Il n'est plus de désert puisque tout est en nous
Et il n'est plus de mort puisque mes lèvres touchent
L'eau d'une ressemblance éparse sur la mer.

O suffisance de l'été, je t'avais pure
Comme l'eau qu'a changée l'étoile, comme un bruit
D'écume sous nos pas d'où la blancheur du sable
Remonte pour bénir nos corps inéclairés.

III

Le mouvement
Nous était apparu la faute, et nous allions
Dans l'immobilité comme sous le navire
Bouge et ne bouge pas le feuillage des morts.

Je te disais ma figure de proue
Heureuse, indifférente, qui conduit,
Les yeux à demi clos, le navire de vivre
Et rêve comme il rêve, étant sa paix profonde,
Et s'arque sur l'étrave où bat l'antique amour.

Souriante, première, délavée,
A jamais le reflet d'une étoile immobile
Dans le geste mortel.
Aimée, dans le feuillage de la mer.

IV

Terre comme gréée,
Vois,
C'est ta figure de proue,
Tachée de rouge.

L'étoile, l'eau, le sommeil
Ont usé cette épaule nue
Qui a frémi puis se penche
A l'Orient où glace le cœur.

L'huile méditante a régné
Sur son corps aux ombres qui bougent,
Et pourtant elle ploie sa nuque
Comme on pèse l'âme des morts.

V

Voici presque l'instant
Où il n'est plus de jour, plus de nuit, tant l'étoile
A grandi pour bénir ce corps brun, souriant,
Illimité, une eau qui sans chimère bouge.

Ces frêles mains terrestres dénoueront
Le nœud triste des rêves.
La clarté protégée reposera
Sur la table des eaux.

L'étoile aime l'écume, et brûlera
Dans cette robe grise.

... VI

Longtemps ce fut l'été. Une étoile immobile
Dominait les soleils tournants. L'été de nuit
Portait l'été de jour dans ses mains de lumière
Et nous nous parlions bas, en feuillage de nuit.

L'étoile indifférente ; et l'étrave ; et le clair
Chemin de l'une à l'autre en eaux et ciels tranquilles.
Tout ce qui est bougeait comme un vaisseau qui tourne
Et glisse, et ne sait plus son âme dans la nuit.

VII

N'avions-nous pas l'été à franchir, comme un large
Océan immobile, et moi simple, couché
Sur les yeux et la bouche et l'âme de l'étrave,
Aimant l'été, buvant tes yeux sans souvenirs,

N'étais-je pas le rêve aux prunelles absentes
Qui prend et ne prend pas, et ne veut retenir
De ta couleur d'été qu'un bleu d'une autre pierre
Pour un été plus grand, où rien ne peut finir ?

VIII

Mais ton épaule se déchire dans les arbres,
Ciel étoilé, et ta bouche recherche
Les fleuves respirants de la terre pour vivre
Parmi nous ta soucieuse et désirante nuit.

O notre image encor,
Tu portes près du cœur une même blessure,
Une même lumière où bouge un même fer.

Divise-toi, qui es l'absence et ses marées.
Accueille-nous, qui avons goût de fruits qui tombent,
Mêle-nous sur tes plages vides dans l'écume
Avec les bois d'épave de la mort,

Arbre aux rameaux de nuit doubles, doubles toujours.

IX

Eaux du dormeur, arbre d'absence, heures sans rives,
Dans votre éternité une nuit va finir.
Comment nommerons-nous cet autre jour, mon âme,
Ce plus bas rougeoiement mêlé de sable noir ?

Dans les eaux du dormeur les lumières se troublent.
Un langage se fait, qui partage le clair
Buissonnement d'étoiles dans l'écume.
Et c'est presque l'éveil, déjà le souvenir.

UNE PIERRE

« Regarde-moi
Là-bas, dans cet espace que transit
Une eau rapide et noire... »

Je t'inventais
Sous l'arche d'un miroir orageux, qui prenait
La parcelle d'un rouge en toi, impartageable,
Et l'enflammait « là-bas », au mascaret de mort.

LE JARDIN

Les étoiles voûtaient les murs du haut jardin
Comme les fruits de l'arbre au-delà, mais les pierres
Du lieu mortel portaient dans l'écume de l'arbre
Comme une ombre d'étrave et comme un souvenir.

Étoiles et vous, craies d'un pur chemin,
Vous pâlissiez, vous nous preniez le vrai jardin,
Tous les chemins du ciel étoilé faisant ombre
Sur ce chant naufragé ; sur notre route obscure.

Dans ses coffres le rêve a replié
Ses étoffes peintes, et l'ombre
De ce visage taché
De l'argile rouge des morts.

Tu n'as pas voulu retenir
Ces mains étroites qui firent
Le signe de solitude
Sur les pentes ocres d'un corps.

Et telle une eau qui se perd
Dans les rougeurs d'une eau sombre,
La nuque proche se courbe
Sur la plage où brille la mort.

L'ÉCUME, LE RÉCIF

Solitude à ne pas gravir, que de chemins !
Robe rouge, que d'heures proches sous les arbres !
Mais adieu, dans cette aube froide, mon eau pure,
Adieu malgré le cri, l'épaule, le sommeil.

Écoute, il ne faut plus ces mains qui se reprennent
Comme éternellement l'écume et le rocher,
Et même plus ces yeux qui se tournent vers l'ombre,
Aimant mieux le sommeil encore partagé.

Il ne faut plus tenter d'unir voix et prière,
Espoir et nuit, désirs de l'abîme et du port.
Vois, ce n'est pas Mozart qui lutte dans ton âme,
Mais le gong, contre l'arme informe de la mort.

Adieu, visage en mai.
Le bleu du ciel est morne aujourd'hui, ici.
Le glaive de l'indifférence de l'étoile
Blesse une fois de plus la terre du dormeur.

LA LAMPE, LE DORMEUR

I

Je ne savais dormir sans toi, je n'osais pas
Risquer sans toi les marches descendantes.
Plus tard, j'ai découvert que c'est un autre songe,
Cette terre aux chemins qui tombent dans la mort.

Alors je t'ai voulue au chevet de ma fièvre
D'inexister, d'être plus noir que tant de nuit,
Et quand je parlais haut dans le monde inutile,
Je t'avais sur les voies du trop vaste sommeil.

Le dieu pressant en moi, c'étaient ces rives
Que j'éclairais de l'huile errante, et tu sauvais
Nuit après nuit mes pas du gouffre qui m'obsède,
Nuit après nuit mon aube, inachevable amour.

— Je me penchais sur toi, vallée de tant de pierres,
J'écoutais les rumeurs de ton grave repos,
J'apercevais très bas dans l'ombre qui te couvre
Le lieu triste où blanchit l'écume du sommeil.

Je t'écoutais rêver. O monotone et sourde,
Et parfois par un roc invisible brisée,
Comme ta voix s'en va, ouvrant parmi ses ombres
Le gave d'une étroite attente murmurée !

Là-haut, dans les jardins de l'émail, il est vrai
Qu'un paon impie s'accroît des lumières mortelles.
Mais toi il te suffit de ma flamme qui bouge,
Tu habites la nuit d'une phrase courbée.

Qui es-tu ? Je ne sais de toi que les alarmes,
Les hâtes dans ta voix d'un rite inachevé.
Tu partages l'obscur au sommet de la table,
Et que tes mains sont nues, ô seules éclairées !

Bouche, tu auras bu
A la saveur obscure,
A une eau ensablée,
A l'Être sans retour.

Où vont se réunir
L'eau amère, l'eau douce,
Tu auras bu où brille
L'impartageable amour.

Mais ne t'angoisse pas,
O bouche qui demandes
Plus qu'un reflet troublé,
Plus qu'une ombre de jour :

L'âme se fait d'aimer
L'écume sans réponse.
La joie sauve la joie,
L'amour le non-amour.

UNE PIERRE

Il me disait, Tu es une eau, la plus obscure,
La plus fraîche où goûter l'impartageable amour.
J'ai retenu son pas, mais parmi d'autres pierres,
Dans le boire éternel du jour plus bas que jour.

Prestige, disais-tu, de notre lampe et des feuillages,
Ces hôtes de nos soirs.
Ils tirent jusqu'à nous leurs barques sur les dalles,
Ils connaissent notre désir de l'éternel.

La nuit parfaite dans le ciel criant son feu,
Eux sont venus d'un pas sans ombre, ils nous éveillent,
Leur parole commence au tremblé de nos voix.

Le pas des astres mesurant le sol dallé de cette nuit,
Et eux mêlant à tant de feux l'obscurité propre de
       l'homme.

UNE PIERRE

Il désirait, sans connaître,
Il a péri, sans avoir.
Arbres, fumées,
Toutes lignes de vent et de déception
Furent son gîte.
Infiniment
Il n'a étreint que sa mort.

LE LIEU DES MORTS

Quel est le lieu des morts,
Ont-ils droit comme nous à des chemins,
Parlent-ils, plus réels étant leurs mots,
Sont-ils l'esprit des feuillages ou des feuillages plus
    hauts ?

Phénix a-t-il construit pour eux un château,
Dressé pour eux une table ?
Le cri de quelque oiseau dans le feu de quelque arbre
Est-il l'espace où ils se pressent tous ?

Peut-être gisent-ils dans la feuille du lierre,
Leur parole défaite
Étant le port de la déchirure des feuilles, où la nuit
    vient.

UNE PIERRE

Je fus assez belle.
Il se peut qu'un jour comme celui-ci me ressemble
Mais la ronce l'emporte sur mon visage,
La pierre accable mon corps.

Approche-toi,
Servante verticale rayée de noir,
Et ton visage court.

Répands le lait ténébreux, qui exalte
Ma force simple.
Sois-moi fidèle,
Nourrice encor, mais d'immortalité.

LE LIEU DES MORTS

Le lieu des morts,
C'est peut-être le pli de l'étoffe rouge.
Peut-être tombent-ils
Dans ses mains rocailleuses ; s'aggravent-ils
Dans les touffes en mer de la couleur rouge ;
Ont-ils comme miroir
Le corps gris de la jeune aveugle ; ont-ils pour faim
Dans le chant des oiseaux ses mains de noyée.

Ou sont-ils réunis sous le sycomore ou l'érable ?
Nul bruit ne trouble plus leur assemblée.
La déesse se tient au sommet de l'arbre,
Elle incline vers eux l'aiguière d'or.

Et seul parfois le bras divin brille dans l'arbre
Et des oiseaux se taisent, d'autres oiseaux.

UNE PIERRE

Deux ans, ou trois,
Je me sentis suffisante. Les astres,
Les fleuves, les forêts ne m'égalaient pas.
La lune s'écaillait sur mes robes grises.
Mes yeux cernés
Illuminaient les mers sous leurs voûtes d'ombre,
Et mes cheveux étaient plus amples que ce monde
Aux yeux vaincus, aux cris qui ne m'atteignaient pas.

Des bêtes de nuit hurlent, c'est mon chemin,
Des portes noires se ferment.

UNE PIERRE

Ta jambe, nuit très dense,
Tes seins, liés,
Si noirs, ai-je perdu mes yeux,
Mes nerfs d'atroce vue
Dans cette obscurité plus âpre que la pierre,
O mon amour ?

Au centre de la lumière, j'abolis
D'abord ma tête crevassée par le gaz,
Mon nom ensuite avec tous pays,
Mes mains seules droites persistent.

En tête du cortège je suis tombé
Sans dieu, sans voix audible, sans péché,
Bête trinitaire criante.

UNE PIERRE

Tombe, mais douce pluie, sur le visage.
Éteins, mais lentement, le très pauvre chaleil

JEAN ET JEANNE

Tu demandes le nom
De cette maison basse délabrée,
C'est Jean et Jeanne en un autre pays

Quand les larges vents passent
Le seuil où rien ne chante ni paraît.

C'est Jean et Jeanne et de leurs faces grises
Le plâtre du jour tombe et je revois
La vitre des étés anciens. Te souviens-tu ?
La plus brillante au loin, l'arche fille des ombres

Aujourd'hui, ce soir, nous ferons un feu
Dans la grande salle.
Nous nous éloignerons,
Nous le laisserons vivre pour les morts.

UNE PIERRE

Aglaure s'est dressée
Dans les feuilles mortes.
Sa taille enfiévrée s'est reformée
Sous des mains diligentes.
Sa nuque s'est ployée sous la chaleur des lèvres
La nuit vint, qui couvrit sa face dévastée
Et ses sanglots épars dans le lit de la glaise.

UNE PIERRE

Longtemps dura l'enfance au mur sombre et je fus
La conscience d'hiver ; qui se pencha
Tristement, fortement, sur une image,
Amèrement, sur le reflet d'un autre jour

N'ayant rien désiré
Plus que de contribuer à mêler deux lumières,
O mémoire, je fus
Dans son vaisseau de verre l'huile diurne
Criant son âme rouge au ciel des longues pluies.

Qu'aurai-je aimé ? L'écume de la mer
Au-dessus de Trieste, quand le gris
De la mer de Trieste éblouissait
Les yeux du sphinx déchirable des rives.

UNE PIERRE

Orages puis orages je ne fus
Qu'un chemin de la terre.
Mais les pluies apaisaient l'inapaisable terre,
Mourir a fait le lit de la nuit dans mon cœur.

UNE PIERRE

Le livre de Porphyre sur le soleil,
Regarde-le tel qu'un amas de pierres noires.
J'ai lu longtemps le livre de Porphyre,
Je suis venu au lieu de nul soleil.

UNE PIERRE

O dite à demi-voix parmi les branches,
O murmurée, ô tue,
Porteuse d'éternel, lune, entrouvre les grilles
Et penche-toi pour nous qui n'avons plus de jour

La face la plus sombre a crié
Que le jour est proche.
En vain le buis s'est-il resserré
Sur le vieux jardin.

Ce peuple aussi a sa plainte,
Cette absence, son espoir.
Mais la lune se couvre et l'ombre
Emplit la bouche des morts.

SUR UN ÉROS DE BRONZE

Tu vieillissais dans les plis
De la grisaille divine.
Qui est venu, d'une lampe,
Empourprer ton horizon nu ?

L'enfant sans hâte ni bruit
T'a découvert une route.
— Ce n'est pas que l'antique nuit
En toi ne s'angoisse plus.

Le même enfant volant bas
Dans la ténèbre des voûtes
A saisi ce cœur et l'emporte
Dans le feuillage inconnu.

UNE VOIX

Nous vieillissions, lui le feuillage et moi la source,
Lui le peu de soleil et moi la profondeur,
Et lui la mort et moi la sagesse de vivre.

J'acceptais que le temps nous présentât dans l'ombre
Son visage de faune au rire non moqueur,
J'aimais que se levât le vent qui porte l'ombre

Et que mourir ne fût en obscure fontaine
Que troubler l'eau sans fond que le lierre buvait.
J'aimais, j'étais debout dans le songe éternel.

LA CHAMBRE

Le miroir et le fleuve en crue, ce matin,
S'appelaient à travers la chambre, deux lumières
Se trouvent et s'unissent dans l'obscur
Des meubles de la chambre descellée.

Et nous étions deux pays de sommeil
Communiquant par leurs marches de pierre
Où se perdait l'eau non trouble d'un rêve
Toujours se reformant, toujours brisé.

La main pure dormait près de la main soucieuse.
Un corps un peu parfois dans son rêve bougeait.
Et loin, sur l'eau plus noire d'une table,
La robe rouge éclairante dormait.

L'ÉPAULE

Ton épaule soit l'aube, ayant porté
Tout mon obscur déchirement de nuit
Et toute cette écume amère des images,
Tout ce haut rougeoiement d'un impossible été.

Ton corps voûte pour nous son heure respirante
Comme un pays plus clair sur nos ombres penché
— Longue soit la journée où glisse, miroitante,
L'eau d'un rêve à l'afflux rapide, irrévélé.

O dans le bruissement du feuillage de l'arbre
Soit le masque aux yeux clos du rêve déposé !
J'entends déjà grandir le bruit d'un autre gave
Qui s'apaise, ou se perd, dans notre éternité.

L'ARBRE, LA LAMPE

L'arbre vieillit dans l'arbre, c'est l'été.
L'oiseau franchit le chant de l'oiseau et s'évade.
Le rouge de la robe illumine et disperse
Loin, au ciel, le charroi de l'antique douleur.

O fragile pays,
Comme la flamme d'une lampe que l'on porte,
Proche étant le sommeil dans la sève du monde,
Simple le battement de l'âme partagée.

Toi aussi tu aimes l'instant où la lumière des lampes
Se décolore et rêve dans le jour.
Tu sais que c'est l'obscur de ton cœur qui guérit,
La barque qui rejoint le rivage et tombe.

LES CHEMINS

Chemins, parmi
La matière des arbres. Dieux, parmi
Les touffes de ce chant inlassable d'oiseaux.
Et tout ton sang voûté sous une main rêveuse,
O proche, ô tout mon jour.

Qui ramassa le fer
Rouillé, parmi les hautes herbes, n'oublie plus
Qu'aux grumeaux du métal la lumière peut prendre
Et consumer le sel du doute et de la mort.

LE MYRTE

Parfois je te savais la terre, je buvais
Sur tes lèvres l'angoisse des fontaines
Quand elle sourd des pierres chaudes, et l'été
Dominait haut la pierre heureuse et le buveur.

Parfois je te disais de myrte et nous brûlions
L'arbre de tous tes gestes tout un jour.
C'étaient de grands feux brefs de lumière vestale,
Ainsi je t'inventais parmi tes cheveux clairs.

Tout un grand été nul avait séché nos rêves,
Rouillé nos voix, accru nos corps, défait nos fers.
Parfois le lit tournait comme une barque libre
Qui gagne lentement le plus haut de la mer.

LE SANG, LA NOTE SI

Longues, longues journées.
Le sang inapaisé heurte le sang.
Le nageur est aveugle.
Il descend par étages pourpres dans le battement de ton
     cœur.

Quand la nuque se tend
Le cri toujours désert prend une bouche pure.

Ainsi vieillit l'été. Ainsi la mort
Encercle le bonheur de la flamme qui bouge.
Et nous dormons un peu. La note si
Résonne très longtemps dans l'étoffe rouge.

L'ABEILLE, LA COULEUR

Cinq heures.
Le sommeil est léger, en taches sur les vitres.
Le jour puise là-bas dans la couleur l'eau fraîche,
Ruisselante, du soir.

Et c'est comme si l'âme se simplifie
Étant lumière davantage, et qui rassure,
Mais, l'Un se déchirant contre la jambe obscure,
Tu te perds, où la bouche a bu à l'âcre mort.

(La corne d'abondance avec le fruit
Rouge dans le soleil qui tourne. Et tout ce bruit
D'abeilles de l'impure et douce éternité
Sur le si proche pré si brûlant encore).

LE SOIR

Rayures bleues et noires.
Un labour qui dévie vers le bas du ciel.
Le lit, vaste et brisé comme le fleuve en crue.
— Vois, c'est déjà le soir,
Et le feu parle auprès de nous dans l'éternité de la
    sauge.

LA LUMIÈRE DU SOIR

Le soir,
Ces oiseaux qui se parlent, indéfinis,
Qui se mordent, lumière.
La main qui a bougé sur le flanc désert.

Nous sommes immobiles depuis longtemps.
Nous parlons bas.
Et le temps reste autour de nous comme des flaques de
      couleur.

LA PATIENCE, LE CIEL

Que te faut-il, voix qui reprends, proche du sol comme
    la sève
De l'olivier que glaça l'autre hiver ?
Le temps divin qu'il faut pour emplir ce vase,
Oui, rien qu'aimer ce temps désert et plein de jour.

La patience pour faire vivre un feu sous un ciel rapide,
L'attente indivisée pour un vin noir,
L'heure aux arches ouvertes quand le vent
A des ombres qui rouent sur tes mains pensives.

UNE VOIX

Combien simples, oh fûmes-nous, parmi ces branches,
Inexistants, allant du même pas,
Une ombre aimant une ombre, et l'espace des
      branches
Ne criant pas du poids d'ombres, ne bougeant pas.

Je t'avais converti aux sommeils sans alarmes,
Aux pas sans lendemains, aux jours sans devenir,
A l'effraie aux buissons quand la nuit claire tombe,
Tournant vers nous ses yeux de terre sans retour.

A mon silence ; à mes angoisses sans tristesse
Où tu cherchais le goût du temps qui va mûrir.
A de grands chemins clos, où venait boire l'astre
Immobile d'aimer, de prendre et de mourir.

UNE PIERRE

Un feu va devant nous.
J'aperçois par instants ta nuque, ton visage,
Puis, rien que le flambeau,
Rien que le feu massif, le mascaret des morts.

Cendre qui te détaches de la flamme
Dans la lumière du soir,
O présence,
Sous ta voûte furtive accueille-nous
Pour une fête obscure.

LA LUMIÈRE, CHANGÉE

Nous ne nous voyons plus dans la même lumière,
Nous n'avons plus les mêmes yeux, les mêmes mains.
L'arbre est plus proche et la voix des sources plus vive,
Nos pas sont plus profonds, parmi les morts.

Dieu qui n'es pas, pose ta main sur notre épaule,
Ébauche notre corps du poids de ton retour,
Achève de mêler à nos âmes ces astres,
Ces bois, ces cris d'oiseaux, ces ombres et ces jours.

Renonce-toi en nous comme un fruit se déchire,
Efface-nous en toi. Découvre-nous
Le sens mystérieux de ce qui n'est que simple
Et fût tombé sans feu dans des mots sans amour.

UNE PIERRE

Le jour au fond du jour sauvera-t-il
Le peu de mots que nous fûmes ensemble ?
Pour moi, j'ai tant aimé ces jours confiants, je veille
Sur quelques mots éteints dans l'âtre de nos cœurs.

UNE PIERRE

Nous prenions par ces prés
Où parfois tout un dieu se détachait d'un arbre
(Et c'était notre preuve, vers le soir).

Je vous poussais sans bruit,
Je sentais votre poids contre nos mains pensives,
O vous, mes mots obscurs,
Barrières au travers des chemins du soir.

LE CŒUR, L'EAU NON TROUBLÉE

Es-tu gaie ou triste ?
— Ai-je su jamais,
Sauf que rien ne pèse
Au cœur sans retour.

Aucun pas d'oiseau
Sur cette verrière
Du cœur traversé
De jardins et d'ombre.

Un souci de toi
Qui a bu ma vie
Mais dans ce feuillage
Aucun souvenir.

Je suis l'heure simple
Et l'eau non troublée.
Ai-je su t'aimer,
Ne sachant mourir ?

LA PAROLE DU SOIR

Le pays du début d'octobre n'avait fruit
Qui ne se déchirât dans l'herbe, et ses oiseaux
En venaient à des cris d'absence et de rocaille
Sur un haut flanc courbé qui se hâtait vers nous.

Ma parole du soir,
Comme un raisin d'arrière-automne tu as froid,
Mais le vin déjà brûle en ton âme et je trouve
Ma seule chaleur vraie dans tes mots fondateurs.

Le vaisseau d'un achèvement d'octobre, clair,
Peut venir. Nous saurons mêler ces deux lumières,
O mon vaisseau illuminé errant en mer,

Clarté de proche nuit et clarté de parole,
— Brume qui montera de toute chose vive
Et toi, mon rougeoiement de lampe dans la mort.

« ANDIAM, COMPAGNE BELLE... »

Don Giovanni, I, 3.

Les lampes de la nuit passée, dans le feuillage,
Brûlent-elles encor, et dans quel pays ?
C'est le soir, où l'arbre s'aggrave, sur la porte.
L'étoile a précédé le frêle feu mortel.

Andiam, compagne belle, astres, demeures,
Rivière plus brillante avec le soir.
J'entends tomber sur vous, qu'une musique emporte,
L'écume où bat le cœur introuvable des morts.

LE LIVRE, POUR VIEILLIR

Étoiles transhumantes ; et le berger
Voûté sur le bonheur terrestre ; et tant de paix
Comme ce cri d'insecte, irrégulier,
Qu'un dieu pauvre façonne. Le silence
Est monté de ton livre vers ton cœur.
Un vent bouge sans bruit dans les bruits du monde.
Le temps sourit au loin, de cesser d'être.
Simples dans le verger sont les fruits mûrs.

Tu vieilliras
Et, te décolorant dans la couleur des arbres,
Faisant ombre plus lente sur le mur,
Étant, et d'âme enfin, la terre menacée,
Tu reprendras le livre à la page laissée,
Tu diras, C'étaient donc les derniers mots obscurs

Le dialogue d'Angoisse et de Désir

I

J'imagine souvent, au-dessus de moi,
Un visage sacrificiel, dont les rayons
Sont comme un champ de terre labourée.
Les lèvres et les yeux sont souriants,
Le front est morne, un bruit de mer lassant et sourd.
Je lui dis : Sois ma force, et sa lumière augmente,
Il domine un pays de guerre au petit jour
Et tout un fleuve qui rassure par méandres
Cette terre saisie fertilisée.

Et je m'étonne alors qu'il ait fallu
Ce temps, et cette peine. Car les fruits
Régnaient déjà dans l'arbre. Et le soleil
Illuminait déjà le pays du soir.
Je regarde les hauts plateaux où je puis vivre,
Cette main qui retient une autre main rocheuse,
Cette respiration d'absence qui soulève
Les masses d'un labour d'automne inachevé.

II

Et je pense à Coré l'absente ; qui a pris
Dans ses mains le cœur noir étincelant des fleurs
Et qui tomba, buvant le noir, l'irrévélée,
Sur le pré de lumière — et d'ombre. Je comprends
Cette faute, la mort. Asphodèles, jasmins
Sont de notre pays. Des rives d'eau
Peu profonde et limpide et verte y font frémir
L'ombre du cœur du monde... Mais oui, prends.
La faute de la fleur coupée nous est remise,
Toute l'âme se voûte autour d'un dire simple,
La grisaille se perd dans le fruit mûr.

Le fer des mots de guerre se dissipe
Dans l'heureuse matière sans retour.

III

Oui, c'est cela.
Un éblouissement dans les mots anciens.
L'étagement
De toute notre vie au loin comme une mer
Heureuse, élucidée par une arme d'eau vive.

Nous n'avons plus besoin
D'images déchirantes pour aimer.
Cet arbre nous suffit là-bas, qui, par lumière,
Se délie de soi-même et ne sait plus
Que le nom presque dit d'un dieu presque incarné.

Et tout ce haut pays que l'Un très proche brûle,

Et ce crépi d'un mur que le temps simple touche
De ses mains sans tristesse, et qui ont mesuré

IV

Et toi,
Et c'est là mon orgueil,
O moins à contre-jour, ô mieux aimée,
Qui ne m'es plus étrangère. Nous avons grandi, je le
      sais,
Dans les mêmes jardins obscurs. Nous avons bu
La même eau difficile sous les arbres.
Le même ange sévère t'a menacée.

Et nos pas sont les mêmes, se déprenant
Des ronces de l'enfance oubliable et des mêmes
Imprécations impures.

V

Imagine qu'un soir
La lumière s'attarde sur la terre,
Ouvrant ses mains d'orage et donatrices, dont
La paume est notre lieu et d'angoisse et d'espoir.
Imagine que la lumière soit victime
Pour le salut d'un lieu mortel et sous un dieu
Certes distant et noir. L'après-midi
A été pourpre et d'un trait simple. Imaginer
S'est déchiré dans le miroir, tournant vers nous
Sa face souriante d'argent clair.
Et nous avons vieilli un peu. Et le bonheur
A mûri ses fruits clairs en d'absentes ramures.
Est-ce là un pays plus proche, mon eau pure ?
Ces chemins que tu vas dans d'ingrates paroles
Vont-ils sur une rive à jamais ta demeure
« Au loin » prendre musique, « au soir » se dénouer ?

VI

O de ton aile de terre et d'ombre éveille-nous,
Ange vaste comme la terre, et porte-nous
Ici, au même endroit de la terre mortelle,
Pour un commencement. Les fruits anciens
Soient notre faim et notre soif enfin calmées.
Le feu soit notre feu. Et l'attente se change
En ce proche destin, cette heure, ce séjour.

Le fer, blé absolu,
Ayant germé dans la jachère de nos gestes,
De nos malédictions, de nos mains pures,
Étant tombé en grains qui ont accueilli l'or
D'un temps, comme le cercle des astres proches,
Et bienveillant et nul,

Ici, où nous allons,
Où nous avons appris l'universel langage,

Ouvre-toi, parle-nous, déchire-toi,
Couronne incendiée, battement clair,
Ambre du cœur solaire.

SUR UNE PIETÀ DE TINTORET

Jamais douleur
Ne fut plus élégante dans ces grilles
Noires, que dévora le soleil. Et jamais
Élégance ne fut cause plus spirituelle,
Un feu double, debout sur les grilles du soir.

Ici,
Un grand espoir fut peintre. Oh, qui est plus réel
Du chagrin désirant ou de l'image peinte ?
Le désir déchira le voile de l'image,
L'image donna vie à l'exsangue désir.

UNE VOIX

Toi que l'on dit qui bois de cette eau presque absente,
Souviens-toi qu'elle nous échappe et parle-nous.
La décevante est-elle, enfin saisie,
D'un autre goût que l'eau mortelle et seras-tu
L'illuminé d'une obscure parole
Bue à cette fontaine et toujours vive,
Ou l'eau n'est-elle qu'ombre, où ton visage
Ne fait que réfléchir sa finitude ?
— Je ne sais pas, je ne suis plus, le temps s'achève
Comme la crue d'un rêve aux dieux irrévélés,
Et ta voix, comme une eau elle-même, s'efface
De ce langage clair et qui m'a consumé.
Oui, je puis vivre ici. L'ange, qui est la terre,
Va dans chaque buisson et paraître et brûler.
Je suis cet autel vide, et ce gouffre, et ces arches
Et toi-même peut-être, et le doute : mais l'aube
Et le rayonnement de pierres descellées.

ART DE LA POÉSIE

Dragué fut le regard hors de cette nuit.
Immobilisées et séchées les mains.
On a réconcilié la fièvre. On a dit au cœur
D'être le cœur. Il y avait un démon dans ces veines
Qui s'est enfui en criant.
Il y avait dans la bouche une voix morne sanglante
Qui a été lavée et rappelée.

DANS LE LEURRE
DU SEUIL

(1975)

They look'd as they had heard of a world
ransom'd, or one destroyed.

Le Conte d'hiver.

Mais non, toujours
D'un déploiement de l'aile de l'impossible
Tu t'éveilles, avec un cri,
Du lieu, qui n'est qu'un rêve. Ta voix, soudain,
Est rauque comme un torrent. Tout le sens, rassemblé,
Y tombe, avec un bruit
De sommeil jeté sur la pierre.

Et tu te lèves une éternelle fois
Dans cet été qui t'obsède.
A nouveau ce bruit d'un ailleurs, proche, lointain ;
Tu vas à ce volet qui vibre... Dehors, nul vent,
Les choses de la nuit sont immobiles
Comme une avancée d'eau dans la lumière.
Regarde,
L'arbre, le parapet de la terrasse,
L'aire, qui semble peinte sur le vide,
Les masses du safre clair dans le ravin,
A peine frémissent-ils, reflet peut-être
D'autres arbres et d'autres pierres sur un fleuve.
Regarde ! De tout tes yeux regarde ! Rien d'ici,
Que ce soit cette combe, cette lueur
Au faîte dans l'orage, ou le pain, le vin,

N'a plus cet à jamais de silencieuse
Respiration nocturne qui mariait
Dans l'antique sommeil
Les bêtes et les choses anuitées
A l'infini sous le manteau d'étoiles.
Regarde,
La main qui prend le sein,
En reconnaît la forme, en fait saillir
La douce aridité, la main s'élève,
Médite son écart, son ignorance,
Et brûle retirée dans le cri désert.
Le ciel brille pourtant des mêmes signes,
Pourquoi le sens
A-t-il coagulé au flanc de l'Ourse,
Blessure inguérissable qui divise
Dans le fleuve de tout à travers tout
De son caillot, comme un chiffre de mort,
L'afflux étincelant des vies obscures ?
Tu regardes couler le fleuve terrestre,
En amont, en aval la même nuit
Malgré tous ces reflets qui réunissent
Vainement les étoiles aux fruits mortels.

Et tu sais mieux, déjà, que tu rêvais
Qu'une barque chargée de terre noire
S'écartait d'une rive. Le nautonier
Pesait de tout son corps contre la perche
Qui avait pris appui, tu ignorais
Où, dans les boues sans nom du fond du fleuve.

O terre, terre,
Pourquoi la perfection du fruit, lorsque le sens
Comme une barque à peine pressentie
Se dérobe de la couleur et de la forme,
Et d'où ce souvenir qui serre le cœur
De la barque d'un autre été au ras des herbes ?
D'où, oui, tant d'évidence à travers tant
D'énigme, et tant de certitude encore, et même
Tant de joie, préservée ? Et pourquoi l'image
Qui n'est pas l'apparence, qui n'est pas
Même le rêve trouble, insiste-t-elle
En dépit du déni de l'être ? Jours profonds,
Un dieu jeune passait à gué le fleuve,
Le berger s'éloignait dans la poussière,
Des enfants jouaient haut dans le feuillage,
Rires, batailles dans la paix, les bruits du soir,
Et l'esprit avait là son souffle, égal...

Aujourd'hui le passeur
N'a d'autre rive que bruyante, noire
Et Boris de Schloezer, quand il est mort
Entendant sur l'appontement une musique
Dont ses proches ne savaient rien (était-elle, déjà,
La flûte de la délivrance révélée
Ou un ultime bien de la terre perdue,
« Œuvre », transfigurée ?) — derrière soi
N'a laissé que ces eaux brûlées d'énigme.
O terre,
Étoiles plus violentes n'ont jamais
Scellé l'orée du ciel de feux plus fixes,

Appel plus dévorant de berger dans l'arbre
N'a jamais ravagé été plus obscur.

. . . .
. . . .

Terre,
Qu'avait-il aperçu, que comprenait-il,
Qu'accepta-t-il ?
Il écouta, longtemps,
Puis il se redressa, le feu
De cette œuvre qui atteignait,
Qui sait, à une cime
De déliements, de retrouvailles, de joie
Illumina son visage.

Bruit, clos,
De la perche qui heurte le flot boueux,
Nuit
De la chaîne qui glisse au fond du fleuve.
Ailleurs,
Là où j'ignorais tout, où j'écrivais,
Un chien peut-être empoisonné griffait
L'amère terre nocturne.

Dans le leurre du seuil

Heurte,
Heurte à jamais.

Dans le leurre du seuil.

A la porte, scellée,
A la phrase, vide.
Dans le fer, n'éveillant
Que ces mots, le fer.

Dans le langage, noir.

Dans celui qui est là
Immobile, à veiller
A sa table, chargée
De signes, de lueurs. Et qui est appelé

Trois fois, mais ne se lève.

. . . .

Dans le rassemblement, où a manqué
Le célébrable.

Dans le blé déformé
Et le vin qui sèche.

Dans la main qui retient
Une main absente.

Dans l'inutilité
De se souvenir.

Dans l'écriture, en hâte
Engrangée de nuit

Et dans les mots éteints
Avant même l'aube.

. . . .

Dans la bouche qui veut

D'une autre bouche
Le miel que nul été
Ne peut mûrir.

Dans la note qui, brusque,
S'intensifie
Jusqu'à être, glaciaire,
Presque la passe

Puis l'insistance de
La note tue
Qui désunit sa houle
Nue, sous l'étoile.

Dans un reflet d'étoile
Sur du fer.
Dans l'angoisse des corps
Qui ne se trouvent.

Heurte, tard.

Les lèvres désirant
Même quand le sang coule,

La main heurtant majeure

Encore quand
Le bras n'est plus que cendre
Dispersée.

. . . .
. . . .

Plus avant que le chien
Dans la terre noire
Se jette en criant le passeur
Vers l'autre rive.
La bouche pleine de boue,
Les yeux mangés,
Pousse ta barque pour nous
Dans la matière.
Quel fond trouve ta perche, tu ne sais,
Quelle dérive,
Ni ce qu'éclaireront, saisis de noir,
Les mots du livre.

Plus avant que le chien
Qu'on recouvre mal
On t'enveloppe, passeur,
Du manteau des signes.
On te parle, on te donne
Une ou deux clefs, la vaine
Carte d'une autre terre.
Tu écoutes, les yeux déjà détournés

Vers l'eau obscure.
Tu écoutes, qui tombent,
Les quelques pelletées.

Plus avant que le chien
Qui est mort hier
On veut planter, passeur,
Ta phosphorescence.
Les mains des jeunes filles
Ont dégagé la terre
Sous la tige qui porte
L'or des grainées futures.
Tu pourrais distinguer encore leurs bras
Aux ombres lourdes,
Le gonflement des seins
Sous la tunique.
Rire s'enflamme là-haut
Mais tu t'éloignes.

Tu fus jeté sanglant
Dans la lumière,
Tu as ouvert les yeux, criant,
Pour nommer le jour,
Mais le jour n'est pas dit
Que déjà retombe
La draperie du sang, à grand bruit sourd,
Sur la lumière.
Rire s'enflamme là-haut,
Rougeoie dans l'épaisseur

Qui se désagrège.
Détourne-toi des feux
De notre rive.

Plus avant que le feu
Qui a mal pris
Est placé le témoin du feu, l'indéchiffré,
Sur un lit de feuilles.
Faces tournées vers nous,
Lecteurs de signes,
Quel vent de l'autre face, inentendu,
Les fera bruire ?
Quelles mains hésitantes
Et comme découvrant
Prendront, feuilletteront
L'ombre des pages ?
Quelles mains méditantes
Ayant comme trouvé ?

. . . .

Oh, penche-toi, rassure,
Nuée
Du sourire qui bouge
En visage clair.

Sois pour qui a eu froid

Contre la rive
La fille de Pharaon
Et ses servantes,

Celles dont l'eau, encore
Avant le jour,
Reflète renversée
L'étoffe rouge.

. . . .

Et comme une main trie
Sur une table
Le grain presque germé
De l'ivraie obscure

Et sur l'eau du bois noir
Prenant se double
D'un reflet, où le sens
Soudain se forme,

Accueille, pour dormir
Dans ta parole,
Nos mots que le vent troue
De ses rafales.

. . . .

« Es-tu venu pour boire de ce vin,
Je ne te permets pas de le boire.
Es-tu venu pour apprendre ce pain
Sombre, brûlé du feu d'une promesse,
Je ne te permets pas d'y porter lumière.
Es-tu venu ne serait-ce que pour
Que l'eau t'apaise, un peu d'eau tiède, bue
Au milieu de la nuit après d'autres lèvres
Entre le lit défait et la terre simple,
Je ne te permets pas de toucher au verre.
Es-tu venu pour que brille l'enfant
Au-dessus de la flamme qui le scelle
Dans l'immortalité de l'heure d'avril
Où il peut rire, et toi, où l'oiseau se pose
Dans l'heure qui l'accueille et n'a pas de nom,
Je ne te permets pas d'élever tes mains au-dessus de
        l'âtre où je règne clair.

Es-tu venu,
Je ne te permets pas de paraître.
Demandes-tu,
Je ne te permets pas de savoir le nom formé par tes
        lèvres. »

. . . .

Plus avant que les pierres
Que l'ouvrier
Debout sur le mur arrache
Tard, dans la nuit.

Plus avant que le flanc du corbeau, qui marque
De sa rouille la brume
Et passe dans le rêve en poussant un cri
Comble de terre noire.

Plus avant que l'été
Que la pelle casse,
Plus avant que le cri
Dans un autre rêve,

Se jette en criant celui qui
Nous représente,
Ombre que fait l'espoir
Sur l'origine,

Et la seule unité, ce mouvement
Du corps — quand, tout d'un coup,
De sa masse jetée contre la perche
Il nous oublie.

. . . .

Nous, la voix que refoule
Le vent des mots.
Nous, l'œuvre que déchire
Leur tourbillon.
Car si je viens vers toi, qui as parlé,
Gravats, ruissellements,
Échos, la salle est vide.
Est-ce « un autre », l'appel qui me répond,
Ou moi encore ?
Et sous la voûte de l'écho, multiplié
Suis-je rien d'autre
Qu'une de ses flèches, lancée
Contre les choses ?

Nous
Parmi les bruits,
Nous
L'un d'eux.

Se détachant
De la paroi qui s'éboule,
Se creusant, s'évasant,
Se vidant de soi,
S'empourprant,
Se gonflant d'une plénitude lointaine.

. . . .

Regarde ce torrent,
Il se jette en criant dans l'été désert
Et pourtant, immobile,
C'est l'attelage cabré
Et la face aveugle.
Écoute.
L'écho n'est pas autour du bruit mais dans le bruit
Comme son gouffre.
Les falaises du bruit,
Les entonnoirs où se brisent ses eaux,
La saxifrage
S'arrachent de tes yeux avec un cri
D'aigle, final.
Où heurte le poitrail de la voix de l'eau,
Tu ne peux l'entendre,
Mais laisse-toi porter, œil ébloui,
Par l'aile rauque.

Nous
Au fusant du bruit,
Nous
Portés.

Nous, oui, quand le torrent
A mains brisées
Jette, roule, reprend
L'absolu des pierres.

Le prédateur
Au faîte de son vol,
Criant,
Se recourbe sur soi et se déchire.
De son sein divisé par le bec obscur
Jaillit le vide.
Au faîte de la parole encore le bruit,
Dans l'œuvre
La houle d'un bruit second.
Mais au faîte du bruit la lumière change.

. . . .

Tout le visible infirme
Se désécrit,
Braise où passe l'appel
D'autres campagnes

Et la foudre est en paix
Au-dessus des arbres,
Sein où bougent en rêve
Sommeil et mort,

Et brûle, une couleur,
La nuit du monde
Comme s'éploie dans l'eau
Noire, une étoffe peinte

Quand l'image divise
Soudain le flux,
Criant son grain, le feu,
Contre une perche.

. . . .

Heure
Retranchée de la somme, maintenant.
Présence
Détrompée de la mort. Ampoule
Qui s'agenouille en silence
Et brûle
Déviée, secouée
Par la nuit qui n'a pas de cime.

Je t'écoute
Vibrer dans le rien de l'œuvre
Qui peine de par le monde.
Je perçois le piétinement
D'appels
Dont le pacage est l'ampoule qui brûle
Je prends la terre à poignées
Dans cet évasement aux parois lisses
Où il n'est pas de fond
Avant le jour.
Je t'écoute, je prends

Dans ton panier de corde
Toute la terre. Dehors,
C'est encore le temps de la douleur
Avant l'image.
Dans la main de dehors, fermée,
A commencé à germer
Le blé des choses du monde.

. . . .

Le nautonier
Qui touche de sa perche, méditante,
A ton épaule
Et toi, déjà celui que la nuit recouvre
Quand ta perche recherche mais vainement
Le fond du fleuve,

Lequel est, lequel se perdra,
Qui peut espérer, qui promettre ?
Penché, vois poindre sur l'eau
Tout un visage

Comme prend un feu, au reflet
De ton épaule.

Deux couleurs

Plus avant que l'étoile
Dans le reflet
Creusent deux mains qui n'ont, pour retenir,
Que leur confiance.
Cherchent deux mains, brisées,
Pour mieux que l'or
Et que naisse la vie
De rien qu'un rêve.

O gerbes du reflet
Malgré la boue,
Seuil dans le froissement
De l'eau fermée,
Branches et fruits qui passent
L'eau maçonnée !
Oui, tu es ce pays,
Toi que j'éveille
Comme dans l'eau qu'on trouble, même de nuit,
Le ciel est autre.

Bouge dans l'eau remuée
L'arbre d'étoiles.

Prend, dans le souffle accru,
L'autre lumière.

Et donc, puissance nue,
Je te recueille
Dans mes mains rapprochées
Pour une coupe.
S'écoulent au travers
De mes doigts les mondes,
Mais ce qui monte en nous, mon eau, brûlée,
Veut une vie.

Je te touche des lèvres,
Mon amie,
Je tremble d'aborder, enfant, sommeil,
A cette Égypte.
Feuillages, nuits d'été,
Bêtes, routes du ciel,
Souffles, silencieux, signes, inachevés,
Sont là qui dorment.
— Bois, me dis-tu pourtant,
Au sens qui rêve.

Bois, je suis l'eau, brûlée,
A l'épaule du flux,
Là où gonfle le sein,
Par un reflet d'étoile.
Bois, en reflet.

Aime sur moi, que tu ne peux saisir,
D'une bouche sans fin,
La présence immobile de l'étoile.

J'ai confiance, je bois,
L'eau glisse de mes doigts,
Non, elle brille.
Terres, entr'aperçues,
Herbes d'avant le temps, pierres mûries,
Couleurs autres, jamais
Rêvées si simples,
Je touche à vos épis, lourds, que courbe le flux
Dans la ténèbre.

Et notre cri, soudain,
Défait l'étreinte,
Mais quand tu te répands,
Aube, ce blé demeure.

. . . .

Plus avant que l'étoile
Qui a blanchi
Trouve l'agneau le berger
Parmi les pierres.
Aube sur l'écume, laiteuse,
Des bêtes serrées,

Paix au bout du flot, désuni,
Des piétinements.
Il a fait froid, de la nuit
Reste mêlée à la terre.

Plus avant que l'étoile
Dans ce qui est
Se baigne simple l'enfant
Qui porte le monde.
Il fait nuit encore, mais lui
Est de deux couleurs,
Un bleu qui prend au vert
Du faîte des arbres
Comme un feu se fait clair
Parmi des fruits

Et le rouge des lourdes
Étoffes peintes
Que lavait l'Égyptienne, l'irréveillée,
De nuit, dans l'eau du fleuve,

Quand la perche a heurté,
Est-ce le jour,
Dans la boue de l'image aux yeux déserts
A la parole.

L'orage qui s'attarde, le lit défait,
La fenêtre qui bat dans la chaleur
Et le sang dans sa fièvre : je reprends
La main proche à son rêve, la cheville
A son anneau de barque retenue
Contre un appontement, dans une écume,
Puis le regard, puis la bouche à l'absence
Et tout le brusque éveil dans l'été nocturne
Pour y porter l'orage et le finir.
— Où que tu sois quand je te prends obscure,
S'étant accru en nous ce bruit de mer,
Accepte d'être l'indifférence, que j'étreigne
A l'exemple de Dieu l'aveugle la matière
La plus déserte encore dans la nuit.
Accueille-moi intensément mais distraitement,
Fais que je n'aie pas de visage, pas de nom
Pour qu'étant le voleur je te donne plus
Et l'étranger l'exil, en toi, en moi
Se fasse l'origine... — Oh, je veux bien,
Toutefois, t'oubliant, je suis avec toi,
Desserres-tu mes doigts,
Formes-tu de mes paumes une coupe,
Je bois, près de ta soif,
Puis laisse l'eau couler sur tous nos membres.

Eau qui fait que nous sommes, n'étant pas,
Eau qui prend au travers des corps arides
Pour une joie éparse dans l'énigme,
Pressentiment pourtant ! Te souviens-tu,
Nous allions par ces champs barrés de pierre,
Et soudain la citerne, et ces deux présences
Dans quel autre pays de l'été désert ?
Regarde comme ils se penchent, eux comme nous,
Est-ce nous qu'ils écoutent, dont ils parlent,
Souriant sous les feuilles du premier arbre
Dans leur lumière heureuse un peu voilée ?
Et ne dirait-on pas qu'une lueur
Autre, bouge dans cet accord de leurs visages
Et, riante, les mêle ? Vois, l'eau se trouble
Mais les formes en sont plus pures, consumées.
Quel est le vrai de ces deux mondes, peu importe.
Invente-moi, redouble-moi peut-être
Sur ces confins de fable déchirée.

J'écoute, je consens,
Puis j'écarte le bras qui s'est replié,
Me dérobant la face lumineuse.
Je la touche à la bouche avec mes lèvres,
En désordre, brisée, toute une mer.
Comme Dieu le soleil levant je suis voûté
Sur cette eau où fleurit notre ressemblance,
Je murmure : C'est donc ce que tu veux,
Puissance errante insatisfaite par les mondes,
Te ramasser, une vie, dans le vase
De terre nue de notre identité ?

Et c'est vrai qu'un instant tout est silence,
On dirait que le temps va faire halte
Comme s'il hésitait sur le chemin,
Regardant par-dessus l'épaule terrestre
Ce que nous ne pouvons ou ne voulons voir.
Le tonnerre ne roule plus dans le ciel calme,
L'ondée ne passe plus sur notre toit,
Le volet, qui heurtait à notre rêve,
Se tait courbé sur son âme de fer.
J'écoute, je ne sais quel bruit, puis je me lève
Et je cherche, dans l'ombre encore, où je retrouve
Le verre d'hier soir, à demi plein.
Je le prends, qui respire à notre souffle,
Je te fais le toucher de ta soif obscure,
Et quand je bois l'eau tiède où furent tes lèvres,
C'est comme si le temps cessait sur les miennes
Et que mes yeux s'ouvraient, à enfin le jour.

. . . .

Donne-moi ta main sans retour, eau incertaine
Que j'ai désempierrée jour après jour
Des rêves qui s'attardent dans la lumière
Et du mauvais désir de l'infini.
Que le bien de la source ne cesse pas
A l'instant où la source est retrouvée,
Que les lointains ne se séparent pas
Une nouvelle fois du proche, sous la faux
De l'eau non plus tarie mais sans saveur.

Donne-moi ta main et précède-moi dans l'été mortel
Avec ce bruit de lumière changée,
Dissipe-toi me dissipant dans la lumière.

Les images, les mondes, les impatiences,
Les désirs qui ne savent pas bien qu'ils dénouent,
La beauté mystérieuse au sein obscur,
Aux mains frangées pourtant d'une lumière,
Les rires, les rencontres sur des chemins,

Et les appels, les dons, les consentements,
Les demandes sans fin, naître, insensé,
Les alliances éternelles et les hâtives,
Les promesses miraculeuses non tenues
Mais, tard, l'inespéré, soudain : que tout cela
La rose de l'eau qui passe le recueille
En se creusant ici, puis l'illumine
Au moyeu immobile de la roue.

. . . .

Paix, sur l'eau éclairée. On dirait qu'une barque
Passe, chargée de fruits ; et qu'une vague
De suffisance, ou d'immobilité,
Soulève notre lieu et cette vie
Comme une barque à peine autre, liée encore.
Aie confiance, et laisse-toi prendre, épaule nue,

Par l'onde qui s'élargit de l'été sans fin,
Dors, c'est le plein été : et une nuit
Par excès de lumière : et va se déchirer
Notre éternelle nuit ; va se pencher
Souriante sur nous l'Égyptienne.

Paix, sur le flot qui va. Le temps scintille.
On dirait que la barque s'est arrêtée.
On n'entend plus que se jeter, se désunir,
Contre le flanc désert l'eau infinie.

Le feu, ses joies de sève déchirée.
La pluie, ou rien qu'un vent peut-être sur les tuiles.
Tu cherches ton manteau de l'autre année.
Tu prends les clefs, tu sors, une étoile brille.

Éloigne-toi
Dans les vignes, vers la montagne de Vachères.
A l'aube
Le ciel sera plus rapide.

Un cercle
Où tonne l'indifférence.
De la lumière
A la place de Dieu.

Presque du feu, vois-tu,
Dans le baquet de l'eau de la pluie nocturne.

. . . .

Dans le rêve, pourtant,
Dans l'autre feu obscur qui avait repris,
Une servante allait avec une lampe
Loin devant nous. La lumière était rouge
Et ruisselait
Dans les plis de la robe contre la jambe
Jusqu'à la neige.

Étoiles, répandues.
Le ciel, un lit défait, une naissance.

Et l'amandier, grossi
Après deux ans : le flot
Dans un bras plus obscur, du même fleuve.

. . . .

O amandier en fleurs,
Ma nuit sans fin,
Aie confiance, appuie-toi enfant
A cette foudre.

Branche d'ici, brûlée d'absence, bois
De tes fleurs d'un instant au ciel qui change.

. . . .

Je suis sorti
Dans un autre univers. C'était
Avant le jour.
J'ai jeté du sel sur la neige.

Je crie, Regarde,
La lumière
Vivait là, près de nous ! Ici, sa provision
D'eau, encore transfigurée. Ici le bois
Dans la remise. Ici, les quelques fruits
A sécher dans les vibrations du ciel de l'aube.

Rien n'a changé,
Ce sont les mêmes lieux et les mêmes choses,
Presque les mêmes mots,
Mais, vois, en toi, en moi
L'indivis, l'invisible se rassemblent.

Et elle ! n'est-ce pas
Elle qui sourit là (« Moi la lumière,
Oui, je consens ») dans la certitude du seuil,
Penchée, guidant les pas
D'on dirait un soleil enfant sur une eau obscure.

. . . .

Je crie, Regarde,
L'amandier
Se couvre brusquement de milliers de fleurs.
Ici
Le noueux, l'à jamais terrestre, le déchiré
Entre au port. Moi la nuit
Je consens. Moi l'amandier
J'entre paré dans la chambre nuptiale.

Et, vois, des mains
De plus haut dans le ciel
Prennent
Comme passe une ondée, dans chaque fleur,
La part impérissable de la vie.

Elles divisent l'amande
Avec paix. Elles touchent, elles prélèvent le germe.

Elles l'emportent, grainée déjà
D'autres mondes,
Dans l'à jamais de la fleur éphémère.

. . . .

O flamme
Qui consumant célèbres,

Cendre
Qui dispersant recueilles.

Flamme, oui, qui effaces
De la table sacrificielle de l'été
La fièvre, les sursauts
De la main crispée.
Flamme, pour que la pierre du ciel clair
Soit lavée de notre ombre, et que ce soit
Un dieu enfant qui joue
Dans l'âcreté de la sève.
Je me penche sur toi, je rassemble, à genoux,
Flamme qui vas,
L'impatience, l'ardeur, le deuil, la solitude
Dans ta fumée.
Je me penche sur toi, aube, je prends
Dans mes mains ton visage. Qu'il fait beau
Sur notre lit désert ! Je sacrifie
Et tu es la résurrection de ce que je brûle.

Flamme
Notre chambre de l'autre année, mystérieuse
Comme la proue d'une barque qui passe.

Flamme le verre
Sur la table de la cuisine abandonnée,
A V.
Dans les gravats.

Flamme, de salle en salle,
Le plâtre,
Toute une indifférence, illuminée.

Flamme l'ampoule
Où manquait Dieu
Au-dessus de la porte de l'étable.
Flamme
La vigne de l'éclair, là-bas,
Dans le piétinement des bêtes qui rêvent.
Flamme la pierre
Où le couteau du rêve a tant œuvré.

Flamme,
Dans la paix de la flamme,
L'agneau du sacrifice gardé sauf.

. . . .

Et, tard, je crie
Des mots que le feu accepte.

Je crie, Regarde,
Ici a déposé un sel inconnu.

Je crie, Regarde,
Ta conscience n'est pas en toi,
L'amont de ton regard
N'est pas en toi,
Ta souffrance n'est pas en toi, ta joie moins encore.

Je crie, Écoute,
Une musique a cessé.
Partout, dans ce qui est,
Le vent se lève et dénoue.
Aujourd'hui la distance entre les mailles
Existe plus que les mailles,
Nous jetons un filet qui ne retient pas.
Achever, ordonner,
Nous ne le savons plus.
Entre l'œil qui s'accroît et le mot plus vrai
Se déchire la taie de l'achevable.
O ratures, ô rouilles
Où la trace de l'eau, celle du sens
Se résorbant s'illimitent,
Dieu, paroi nue
Où l'érosion, l'entaille
Ont même aspect désert au flanc du monde.
Comme il est tard !
On voit un dieu pousser quelque chose comme
Une barque vers un rivage mais tout change.
Effondrements sur la route des hommes,
Piétinements, clameurs au bas du ciel.
Ici l'ailleurs étreint
La main œuvrante

— Mais quand elle dévie dans le trait obscur,
C'est comme une aube.

Regarde,
Ici, sur la lande du sens,
A quelques mètres du sol,
C'est comme si le feu avait pris feu,
Et ce second brasier, dépossession,
Comme s'il prenait feu encore, dans les hauts
De l'étoffe de ce qui est, que le vent gonfle.
Regarde,
Le quatrième mur s'est descellé,
Entre lui et la pile du côté nord
Il y a place pour la ronce
Et les bêtes furtives de chaque nuit.
Le quatrième mur et le premier
Ont dérivé sur la chaîne,
Le sceau de la présence a éclaté
Sous la poussée rocheuse.
J'entre donc par la brèche au cri rapide.
Est-ce deux combattants qui ont lâché prise,
Deux amants qui retombent inapaisés ?
Non, la lumière joue avec la lumière
Et le signe est la vie
Dans l'arbre de la transparence de ce qui est.

Je crie, Regarde,
Le signe est devenu le lieu.
Sous le porche de foudre

Fendu
Nous sommes et ne sommes pas.
Entre avec moi, obscure,
Accepte par la brèche au cri de faim.

Et soyons l'un pour l'aure comme la flamme
Quand elle se détache du flambeau,
La phrase de fumée un instant lisible
Avant de s'effacer dans l'air souverain.

. . . .

Oui, toutes choses simples
Rétablies
Ici et là, sur leurs
Piliers de feu.

Vivre sans origine,
Oui, maintenant,
Passer, la main criblée
De lueurs vides.

Et tout attachement
Une fumée,
Mais vibrant clair, comme un
Airain qui sonne.

. . . .

Retrouvons-nous
Si haut que la lumière comme déborde
De la coupe de l'heure et du cri mêlés,
Un ruissellement clair, où rien ne reste
Que l'abondance comme telle, désignée.
Retrouvons-nous, prenons
A poignées notre pure présence nue
Sur le lit du matin et le lit du soir,
Partout où le temps creuse son ornière,
Partout où l'eau précieuse s'évapore,
Portons-nous l'un vers l'autre comme enfin
Chacun toutes les bêtes et les choses,
Tous les chemins déserts, toutes les pierres,
Tous les ruissellements, tous les métaux.
Regarde,
Ici fleurit le rien ; et ses corolles,
Ses couleurs d'aube et de crépuscule, ses apports
De beauté mystérieuse au lieu terrestre
Et son vert sombre aussi, et le vent dans ses branches
C'est l'or qui est en nous : or sans matière,
Or de ne pas durer, de ne pas avoir,
Or d'avoir consenti, unique flamme
Au flanc transfiguré de l'alambic.

Et tant vaut la journée qui va finir,
Si précieuse la qualité de cette lumière,
Si simple le cristal un peu jauni

De ces arbres, de ces chemins parmi des sources,
Et si satisfaisantes l'une pour l'autre
Nos voix, qui eurent soif de se trouver
Et ont erré côte à côte, longtemps
Interrompues, obscures,

Que tu peux nommer Dieu ce vase vide,
Dieu qui n'est pas, mais qui sauve le don,
Dieu sans regard mais dont les mains renouent,
Dieu nuée, Dieu enfant et à naître encore,
Dieu vaisseau pour l'antique douleur comprise,
Dieu voûte pour l'étoile incertaine du sel
Dans l'évaporation qui est la seule
Intelligence ici qui sache et prouve.

. . . .

Et nos mains se cherchant
Soient la pierre nue
Et la joie partagée
La brassée d'herbes

Car bien que toi, que moi
Criant ne sommes
Qu'un anneau de feu clair
Qu'un vent disperse

Si bien qu'on ne saura
Tôt dans le ciel
Si même eut lieu ce cri
Qui a fait naître,

Toutefois, se trouvant,
Nos mains consentent
D'autres éternités
Au désir encore.

. . . .

Et notre terre soit
L'inachevable
Lumière de la faux
Qui prend l'écume

Et non parce qu'est vraie
Sa seule foudre,
Bien que le vide, clair,
Soit notre couche

Et que toi près de moi,
Simples, n'y sommes
Que fumée rabattue
Du sacrifice,

Mais pour sa retombée
Qui nous unit,
Blé de la transparence,
Au désir encore.

. . . .

Éternité du cri
De l'enfant qui semble
Naître de la douleur
Qui se fait lumière.

L'éternité descend
Dans la terre nue
Et soulève le sens
Comme une bêche.

. . . .

Et vois, l'enfant
Est là, dans l'amandier,
Debout
Comme plusieurs vaisseaux arrivant en rêve.

Il monte
Entre lune et soleil. Il essaie de pencher vers nous
Dans la fumée
Son feu, riant,
Où l'ange et le serpent ont même visage.
Il offre
Dans la touffe des mots, qui a fleuri,
Une seconde fois du fruit de l'arbre.

Et déjà le maçon
Se penche vers le fond de la lumière
Sa bêche en prend les gravats
Pour le comblement impossible.

Il racle
De sa bêche phosphorescente
Cet autre ciel, il fouille
De son fer antérieur à notre rêve
Sous les ronces,
A l'étage du feu et de l'incréé.
Il arrache
La touffe blanche du feu
Au battement de l'incréé parmi les pierres.

Il se tait.
Le midi de ses quelques mots est encore loin
Dans la lumière.

Mais, tard,
Le rouge déteint du ciel
Lui suffira, pour l'éternité du retour
Dans les pierres, grossies
Par l'attraction des cimes encore claires.

. . . .

N'étant que la puissance du rien,
La bouche, la salive du rien,
Je crie,

Et au-dessus de la vallée de toi, de moi
Demeure le cri de joie dans sa forme pure.

. . . .

Oui, moi les pierres du soir, illuminées,
Je consens.

Oui, moi la flaque
Plus vaste que le ciel, l'enfant
Qui en remue la boue, l'iris
Aux reflets sans repos, sans souvenirs,
De l'eau, moi, je consens.

Et moi le feu, moi
La pupille du feu, dans la fumée
Des herbes et des siècles, je consens.

Moi la nuée
Je consens. Moi l'étoile du soir
Je consens.
Moi les grappes de mondes qui ont mûri,
Moi le départ
Des maçons attardés vers les villages,
Moi le bruit de la fourgonnette qui se perd,
Je consens. Moi le berger,
Je pousse la fatigue et l'espérance
Sous l'arche de l'étoile vers l'étable.
Moi la nuit d'août,
Je fais le lit des bêtes dans l'étable.
Moi le sommeil,
Je prends le rêve dans mes barques, je consens.

Et moi, la voix
Qui a tant désiré. Moi le maillet
Qui heurta, à coups sourds,
Le ciel, la terre noire. Moi le passeur,
Moi la barque de tout à travers tout,
Moi le soleil,
Je m'arrête au faîte du monde dans les pierres.

Parole
Décrucifiée. Chanvre de l'apparence
Enfin rouie.

Patience
Qui a voulu, et su.
Couronne
Qui a droit de brûler.

Perche
De chimères, de paix,
Qui trouve
Et touche doucement, dans le flux qui va,

A une épaule.

Les nuées

Deux fois silencieuse l'après-midi
Par vertu de l'été désert, et d'une flamme
Qui déborde, on ne sait si de ce vase
Ou de plus haut encore dans le ciel.

Nous avons donc dormi : je ne sais combien
D'étés dans la lumière ; et je ne sais
Non plus dans quels espaces nos yeux s'ouvrent.
J'écoute, rien ne vibre, rien ne finit.

A peine le désir façonnant l'image
Tourne-t-il méditant, sur son axe simple,
L'argile d'un éveil en rêve, trempée d'ombre.

Toutefois le soleil bourdonne sur la vitre
Et, l'âme enveloppée de ses rouges élytres,
Il descend, mais en paix, vers la terre des morts.

. . . .

Au-dessus de moi seul, quand je traçais
Le signe d'espérance en temps de guerre,
Une nuée rôdait noire et le vent
Dispersait à grandes lueurs la phrase vaine.

Au-dessus de nous deux, qui avons voulu
Le nœud, le déliement, une énergie
S'accumula entre deux hauts flancs sombres
Et il y eut, enfin,
Comme un tressaillement dans la lumière.

Autres pays, montagnes éclairées
Du ciel, lacs au-delà, inapprochés, nouvelles
Rives, — apaisement des dieux progéniteurs,
L'éclair aura été sa propre cause

Et au-dessus de l'enfant à ses jeux
L'anneau de ces nuages, le feu clair
Qui semble s'attarder ce soir, comme une preuve.

. . . .

Nuages, oui,
L'un à l'autre, navires à l'arrivée
Dans un rapport de musique. Il me semble, parfois,
Que la nécessité se métamorphose

Comme à la fin du *Conte d'hiver*
Quand chacun reconnaît chacun, quand on apprend
De niveau en niveau dans la lumière
Que ceux qu'avaient jetés l'orgueil, le doute
De contrées en contrées dans le dire obscur
Se retrouvent, se savent. Parole en cet instant
Leur silence ; et silence leurs quelques mots
On ne sait si de joie ou de douleur
« Bien qu'à coup sûr l'extrême de l'une ou l'autre ».
Ils semblent, dit encore
Un témoin, méditant, et qui s'éloigne,
Entendre la nouvelle
D'un monde rédimé ou d'un monde mort.

Nuages,
Et ces deux pourpres là-bas un père, une fille,
Et cet autre plus proche, la statue
D'une femme, mère de la beauté, mère du sens,
Dont on voit bien qu'immobile longtemps,
Étouffée dans sa voix de siècle en siècle,
Déniée, animée
Par rien que la magie de la sculpture,
Elle prend vie, elle va parler. Foudre ses yeux
Qui s'ouvrent dans le gouffre du safre clair,
Mais foudre souriante comme si,
Condamnée à suivre le rêve au flux stérile
Mais découvrant de l'or dans le sable vierge,
Elle avait médité et consenti.
L'homme d'ailleurs s'approche, son visage
Déchiré s'apaisant de tant de joie.

Il gravit les degrés de l'heure qui roule
En rafales, car le ciel change, la nuit vient,
Et vacille où elle l'attend, nuit étoilée
Qui s'ébrase, musique. Il se redresse,
Il se tourne vers l'univers. Ses traits scintillent
De la phosphorescence de l'absolu,
Et le jour reprend pour eux tous et nous, comme une
     veine
Se regonfle de sang, — cime des arbres
Crevassée par l'éclair, fleuves, châteaux
En paix de l'autre rive. Oui, une terre
Sur ses colonnes torses de nuée

Et qu'importe si l'homme, le ciel tournant,
Vacille une seconde fois, dit à la femme
A demi emportée déjà, nuage noir,
Quelques mots que l'on n'entend pas puis se détourne.
S'éloigne à ses côtés qui se dissipent
Et se penche vers elle
Et cache son visage en pleurs dans ses mains pures

Puisque vers l'Occident, encore clair,
Un navire à fond plat, dont la proue figure
Un feu, une fumée, est apparu,
Livre rouvert, nuage rouge, au faîte
De la houle qui s'enfle. Il vient,
Il vire, lentement, on ne voit pas
Ses ponts, ses mâts, on n'entend pas les cris
De l'équipage, on ne devine pas

Les chimères, les espérances de ceux qui
Là-haut se pressent à l'avant, les yeux immenses,
Ni quel autre horizon ils aperçoivent,
Quelle rive peut-être, on ne sait non plus
De quelle ville incendiée ils ont dû fuir,
De quelle Troie inachevable ; mais on sent
Battre dans ce bras nu toute l'ardeur
De l'été, notre angoisse... Aie foi, le sens
Peut croître dans tes mots, terre sauvée,
Comme la transparence dans la grappe
De l'été, celui qui vieillit. Parles-tu, chantes-tu, enfant,
Et je rêve aussitôt que toute la treille
Terrestre s'illumine ; et que ce poids
Des étoiles serrées à du froid, des pierres
Denses comme des langues non révélées,
Et des cimes que prend notre nuit encore,
Des cris de désespoir mais des cris de joie,
Des vies qui se séparent dans l'énigme,
Des erreurs, des effondrements, des solitudes
Mais des aubes aussi, des pressentiments,
Des eaux qui se dénouent au loin, des retrouvailles,
Des enfants qui jouent clair à des proues qui passent,
Des feux dans les maisons ouvertes, des appels
Le soir, de porte en porte dans la paix,
Oui, que ce vrai, ce lieu déjà, presque le bien,
Mûrit, que ce n'était que la grappe verte.

Tout n'est-il pas si cohérent, si prêt
Bien que, certes, scellé ? Le soleil de l'aube
Et le soleil du soir, l'illuminé,

Mènent bien, bœufs aveugles, la charrue
De l'or universel inachevé,
Et sonne sur leur front cette chaîne d'astres
Indifférents, c'est vrai : mais eux avancent
Comme une eau s'évapore, un sel dépose
Et n'est-ce toi là-bas, mère dont les yeux brillent,
Terre, qui les conduis,
La robe rouge déchirée, non, entrouverte
Sous l'arche de l'étoile première née ?

Mais toujours et distinctement je vois aussi
La tache noire dans l'image, j'entends le cri
Qui perce la musique, je sais en moi
La misère du sens. Non, ce n'est pas
Aux transfigurations que peut prétendre
Notre lieu, en son mal. Je dis l'espoir,
Sa joie, son feu même de grappe immense, quand
L'éclair de chaque nuit frappe à la vitre, quand
Les choses se rassemblent dans l'éclair
Comme au lieu d'origine, et les chemins
Luiraient dans les jardins de l'éclair, la beauté
Y porterait ses pas errants... Je dis le rêve,
Mais ce n'est que pour le repos de mots blessés.

Et je sais même dire ; et je suis tenté
De vous dire parfois, signes fiévreux,
Criants, les salles peintes,
Les cours intérieures ombragées,
La suffisance de l'été sur les dalles fraîches,

Le murmure de l'eau comme absente, le sein
Qui est semblable à l'eau, une, infinie,
Gonflée d'argile rouge. De vous donner
L'anneau des ciels de palmes, mais aussi
Celui, lourd, de cette cheville, qu'une main
De tiédeur et d'indifférence fait glisser
Contre l'arc du pied maigre, cependant
Que la bouche entrouverte ne cherche que
La mémoire d'une autre. « Regarde-moi,
Dirait la voix néante à travers la mienne,
Je mens, à l'infini, mais je satisfais,
Je ne suis pas mais je ferme les yeux,
Je courbe si tu veux ma nuque noire
Et je chante, veux-tu, esprit lassé,
Ou je feins de dormir »... Au crépuscule
La guêpe se couronne de lumière,
Elle règne absolue dans son instant
D'ascension tâtonnante sur la grappe.
Non, nous ne sommes pas guéris du jardin,
De même que ne cesse pas, gonflé d'une eau
Noire, l'épanchement du rêve quand les yeux
    s'ouvrent.

Encore nous chargerons, à contre-jour
Dans l'afflux d'en dessous, étincelant,
Notre barque à fond plat de fruits, de fleurs
Comme d'un feu, rouge, dont la fumée
Dissipera de ses âcres images
Les heures et les rives. Et que d'espoirs
Enfantins, sous les branches ! Quelle avancée
Dans les mots consentants ! Bien que la nuit
Nous frôle même là d'une aile insue

Et trempe même là son bec, dans l'eau rapide.

. . . .

« Je voulais l'enrichir de n'être qu'une image
Pour que lui n'en soit qu'une, et que le feu
Du temps, s'il prend aux corps, aux cris, aux rêves
      même,
Laisse intacte la forme où nous nous retrouvions,

Aussi je me faisais sa réserve d'eau pure,
J'illimitais ses yeux qui se penchaient sur moi,
Ma bouche aimait sa bouche aux hâtives confiances,
C'était ma joie d'attendre et de lui faire don.

— Il dort. Je suis l'étoffe de la porte
Que l'on a trempée d'eau pour changer de ciel,
J'ourle l'après-midi d'outre-marine,
Je suis le jeu des quelques ombres sur son corps.

Il vieillit. Même en nous l'heure a grossi et roule
Son bruit de nuit qui vient dans les pierres. Parfois
Il laisse aller son bras dans cette eau plus froide,
Je ne sais si en rêve et ne me sachant pas... »

. . . .

« Es-tu venu pour ce livre fermé,
Je ne consens pas que tu l'ouvres.
Es-tu venu pour en briser le sceau
Brûlant, troué de nuit, courbé, feuillage
Sous l'orage qui rôde et n'éclate pas,
Je ne te permets pas d'en toucher la cire.
Es-tu venu « ne serait-ce que pour »
Entrevoir, comme en songe, une parole
Croître transfigurée dans l'aube du sens
(Et je sais bien qu'un soc a travaillé
Longtemps à cet espoir et, retombé
Dans la phrase terrestre, brille là
Déchiré au rebord de ma lumière),
Je reste silencieux dans ta voix qui rêve...
Es-tu venu pour dévaster l'écrit
(Tout écrit, tout espoir), pour retrouver
La surface introublée que double l'étoile
Et boire à l'eau qui passe et te baigner
Sous la voûte où mûrit le fruit non le sens
Je ne t'ai pas permis d'oublier le livre. »

. . . .

O rêves, beaux enfants
Dans la lumière
Des robes déchirées,

Des épaules peintes.

« Puisque rien n'a de sens,
Souffle la voix,
Autant peindre nos corps
De nuées rouges.

Vois, j'éclaire ce sein
D'un peu d'argile
Et délivre la joie, qui est le rien,
D'être la faute. »

. . . .

Ils marchent, les pieds nus
Dans leur absence,
Et atteignent les rives
Du fleuve terre.

Ils demandent, ils donnent,
Les yeux fermés,
Les chevilles rougies
Par la boue d'images.

Rien n'aura précédé, rien ne finit,

Ils partagent, une eau,
S'étendent, le flanc nu
Reflète l'étoile.

Ils passent, prenant part
A l'eau étincelante,
A toi, pierre jetée,
A des mondes là-bas, qui s'élargissent.

. . . .

Et à leurs pas se joint
Flore la pure
Qui jette ses pavots
A qui demande.

Et beauté pastorale
Nue, pour ouvrir
A des bêtes mouillées, au froid du jour,
L'enclos du simple

— Mais aussi beauté grise
Des fumées
Qui se tord et défait
Au moindre souffle

Et la folle qui parle
Par plusieurs bouches
Et, penchée, qui secoue
Sa chevelure...

. . . .

« Tu ne me toucheras
Ni d'été ni d'hiver,
Ni quand la lune croît
Ou se dissipe.

Ni des mains du désir
Ni en image,
Ni de bouche qui aime
Ou déchirée.

Dormiras-tu,
Je reviendrai pourtant
Contre tes lèvres,

Te retourneras-tu
En soupirant
Comme pour te pencher, mon voyageur,
Sur une source,

Je serai là,
Ta bouche frôlera mes paupières closes. »

. . . .

. . . .

Ici, la tâche
Que je ne sais finir. Ici, les mots
Que je ne dirai pas.

Ici, la flaque
Noire, dans la nuée.
Ici, dans le regard,
Le point aveugle.

. . . .

Mais, vois,
Nos fenêtres là-bas sont éclairées
Par tout de même encore un soleil du soir
Et nos vitres sont comme une eau, troublées
Mais aussi transmutées, coagulées
Par le bras méditant de la lumière.
L'énigme, le soleil rêvé, la barque rouge
Passe, boitant sa mort. Mais ce pays
Est, calme, son sillage, où la maison

Se révèle l'étoile, qui s'élève
Pour la paix au-dessus des herbes, dans le souffle
Égal enfin, des dieux du jardin désert.
Approchons-nous. De près les vitres s'éteignent,
Mais l'or se retirant à son autre rive
A laissé à fleurir dans leur sable vierge
Le rien, qui est la vigne. Oh, penche-toi, appuie
Ton front contre la vitre ! C'est le bien,
Tout lieu où naître vient dans le flux sans trêve,
Vois croître le vrai fruit, toi qui consens,
Vois ses rinceaux briller dans la salle sombre.

Tu te penches, tu prends
Un peu de la divinité d'une herbe sèche
Et dans la profusion de l'odeur froissée
Cesse l'attente de la vie au cri de faim.
Des lèvres qui demandent d'autres lèvres,
De l'eau qui veut la pente dans les pierres,
De l'élan de l'agneau, fait de joie pure,
De l'enfant qui joue sans limite sur le seuil
Tu accomplis le vœu puisque tu accueilles
La terre, qui excède le désir.

Tu te penches... Le myrte, puis pleurer,
Mon amie, ce n'est là que l'été qui vibre
Comme fait un volet que le vent assaille
Sur son gond d'espérance déchirée.
Mais que ce jour est clair ! Notre révolte
Est bue par la porosité de la lumière,

Et l'assombrissement de l'aile du ciel,
Son cri, le vent qui recommence, tout cela
Dit la vie enfin prête à soi et non la mort.
Vois, il aura suffi de faire confiance,
L'enfant a pris la main du temps vieilli,
La main de l'eau, la main des fruits dans le feuillage,
Il les guide muets dans le mystère,
Et nous qui regardons de loin, tout nous soit simple
De croiser son regard qui ne cille pas.

. . . .

Désir se fit Amour par ses voies nocturnes
Dans le chagrin des siècles ; et par beauté
Comprise, par limite acceptée, par mémoire
Amour, le temps, porte l'enfant, qui est le signe.

Et en nous et de nous, qui demeurons
Si obscurs l'un à l'autre, ce qui est
La faute mais fatale, la parole
Étant inachevée comme l'être encor,

Que sa joie prenne forme : pour retenir
L'eau dans sa coupe fugitive ; pour refléter
Le feu, qui est le rien ; pour faire don
D'au moins l'idée du sens — à la lumière.

. . . .

Nuages,
Et un, le plus au loin, oui, à jamais
Rouge, l'eau et le feu
Dans le vase de terre, la fumée
En tourbillons au point de braise pure
Où va bondir la flamme... Mais ici
Le sol, comme le ciel,
Est parsemé à l'infini de pierres
Dont quelques-unes, rouges,
Portent des traits que nous rêvons des signes.

Et nous les dégageons des mousses, des ronces,
Nous les prenons, nous les soulevons. Regarde !
Ici, c'est un tracé, de l'écriture,
Ici vibra le cri sur le gond du sens,
Ici... Mais non, cela ne parle pas, l'entaille
Dévie, au faîte
Aussi de braise pure, dans l'esprit,
Où la répétition, la symétrie
Auraient redit l'espoir d'une main œuvrante.

Le silence
Comme un pont éboulé au-dessus de nous
Dans le soir.

Nous ramassons pourtant,
Mon amie
Tant et plus de ces pierres, quand la nuit
Tachant l'étoffe rouge, trouant nos voix,
Les dérobe déjà à nos mains anxieuses

Et nuées que nous sommes, leur feu nous guide
Quand nous rentrons, chargés,
A la maison, « là-bas ». Quand nous passons
Déserts
Dans la vitre embrasée de ce pays
Qui ressemble au langage : illuminé
Au loin, pierreux ici. Quand nous allons
Plus loin même, nous divisant, nous déchirant,
L'enfant courant devant nous dans sa joie
A sa vie inconnue,

Simples, — non, clairs,

En paix,
Immobiles parfois à des carrefours,
Entre les colonnes des feux de l'été qui va prendre fin,
Dans l'odeur de l'étoile et de la cendre.

. . . .

« Tout cela », oui,
Nos leurres, nos joies,
Nos regrets à jamais,
Non, nos consentements, nos certitudes,

Tout cela, c'est l'été,
L'incohérent
Qui assaille nos yeux
De son eau brusque.

Et dehors c'est la nuit,
Non, c'est le jour
Qui proclame, glaireux,
Une naissance.

. . . .

L'été :
Cette chevêche que cloue
Là, sur le seuil,
Le fer en paix de l'étoile.

L'épars, l'indivisible

Oui, à la vitre
Dans un essai de fuir
A heurts sourds
— Criant parfois
Par une tête plus haut.

Oui, dans la nuit
Où la télévision cherche le rivage,
Où l'antique espérance se penche sur
Les lèvres de l'image,
Mord
Dans la solitude du sang
L'épaule nue de l'image.

Oui, par la nuit
Où le besoin de sens presse longtemps
Le sein froid de l'image
Et seul, le cœur serré,
Se détourne, sous les constellations du vain désir.

. . . .

Oui, par le dieu
Qui erre sous l'apparence d'un agneau
Près de la fourgonnette,
Sous l'ampoule qui brûle toute la nuit.
Je m'arrête, il s'arrête.
J'avance, et ce visage

Se dissipe, éclairant

Ma jambe, qui le pousse
Dans le givre qui crisse au-dehors du monde.

. . . .

Oui, par la voix
Violente contre le silence de,
Par le heurt de l'épaule
Violemment contre la distance de
— Mais de ta foudre d'indifférence tu partages,
Ciel soudain noir,
Le pain de notre solitude sur la table.

. . . .

Oui, par la porte qui vibre

Du souffle
De l'apparence trouée
(Et si je sors je serai aveugle
Dans la couleur).

Oui, par la vibration qui parfois
Semble finir.
Oui, par la fièvre qui reprend tard dans le monde

. . . .

Oui, par le soir
Quand il remue les cendres de la couleur,
Hâtant à mains d'aveugle
La montée de la flamme sans lumière.

(La foudre,
L'arbre qui a crié sur sa gorge nue,
Et toi
Ce qui demeure du ciel.)

. . . .

Oui, par la cime éclairée
Une heure encore.

Oui, par la main
Qui trace violemment le trait de la cime
Sans fin,
Sans avenir,
Parfois noyé d'une encre claire, parfois sombre

Et sans place dans la lumière qui va seule.

. . . .

Oui, par ces jours
Où errait le tonnerre, dès avant l'aube.
Par mes chemins dans les herbes mouillées
Qu'avait courbées la nuit sous ses roues de pierre.

Oui, par les ronces
Des cimes dans les pierres. Par cet arbre, debout
Contre le ciel.
Par les flammes, partout,
Et les voix, chaque soir,
Du mariage du ciel et de la terre

(Tard, quand l'éponge pousse sur la table
Qui brille un peu
Les débris du pain et du vin.)

. . . .

Oui, par les deux colonnes de bois
Abandonnées,
Oui, par le sel
Durci, dans la boîte de la cuisine peinte de noir,
Oui, par le sac de plâtre : ouvert, durci,
Grain de l'impossédable, qui illumine.

Oui, par le trou
Près de la cheminée, béant encore
(Et la pioche et la pelle sont restées là
Contre le mur : le maçon, appelé,
A peine est-il passé, silencieux,
A un autre travail dans une autre salle.)

. . . .

Oui, par ce lieu
Perdu, non dégagé
Des ronces, puis des cendres d'un espoir.
Par ce désir vaincu, non, consumé

Car nous aurons vécu si profond les jours
Que nous a consentis cette lumière !
Il faisait beau toujours, beau à périr,

La campagne alentour était déserte,
Nous n'entendions que respirer la terre
Et grincer la chaîne du puits, cause du temps
Qui retombait du seau comme trop de ciel.
Nous travaillions ici ou là, dans de grandes salles,
Nous ne parlions que peu, à voix rouillée
Comme on cache une clef sous une pierre.
Parfois la nuit venait, du bout des longes,
Parfaite femme voûtée de noir poussant muettes
Ses bêtes dans les eaux du soleil constant.

Et qu'elle dorme
Dans l'absolu que nous avons été
Cette maison qui fut comme un ravin
Où bruit le ciel, où vient l'oiseau qui rêve
Boire la paix nocturne... Irrévélée,
Trop grande, trop mystérieuse pour nos pas,
Ne faisons qu'effleurer son épaule obscure,
Ne troublons pas celle qui puise d'un souffle égal
Aux réserves de songe de la terre.
Déposons simplement, la nuit venue, ces pierres
Où nous lisions le signe, à son flanc désert.

Que de tâches inachevables nous tentions,
Que de signes impénétrables nous touchions
De nos doigts ignorants et donc cruels !
Que d'errements et que de solitude !
La mémoire est lassée, certes, le temps étroit,
Le chemin infini encore... Mais le ciel

A des pierres plus rougeoyantes du côté
Du soir, et dans nos vies qui font étape,
Lumière qui t'accrois parfois, tu prends et brûles.

. . . .

Oui, par la nuit
Là-haut, dans notre chambre de l'été
Qui va comme une barque, hésitant parfois
Dans l'écume du ciel (et je te vois
Encore, dans la glace au tain déchiré,
Redéfaire lointaine le vêtement
Rouge de ces années quand, infinie
Comme l'étoile aux vitres, tu prenais
A main de rêve inachevé dans les remous
Où déjà germe l'aube, du sommeil
La rose de chaque jour sinon mortelle.

Je regardais
Paraître l'autre barque, un feu
Lui aussi hésitant
Et lui aussi intact, comme la vie,
Dans les sarments de la montagne de Vachères.

Et je peux bien descendre
Encore, traverser les salles sombres,
Ouvrir, comme autrefois, faire ces pas

De chaque jour nouveau parmi les vignes
Dans l'immobilité à jamais du ciel,

Il fait beau,
La maison a duré comme l'étoile
Continue à monter dans le ciel clair,

Et la fille de Pharaon dort bien ici,
Les seins libres,
Sur cette couche que guide
Le courant du milieu du fleuve).

. . . .

Oui, par le « grand grenier »

Et Jean Aubry, d'Orgon,
Et ses fils Claude et Jean.
« Nous avons fait ce jour
Appui de communion. » La date manque.

. . . .

Oui, par l'arche brisée

Du seuil
Dont nous avions trouvé la pierre manquante
— Passe, fleuve de paix, fais refleurir
L'œillet de cette rive.

. . . .

Oui, par la vitre brillante
Où, reformée,
La main de dehors simple tend le fruit
(Et cette barque est rouge, crépusculaire
On dirait que le fruit du premier arbre
A terminé sa journée dans les branches
De la douleur du monde. Et il s'en va
Méditativement vers une autre rive.)

Oui, par ce feu,
Par son reflet de feu sur l'eau paisible,
Par notre lieu, qui va,
Par le chemin de feu sous le fruit mûr.

. . . .

Oui, par l'après-midi
Où tout est silencieux, étant sans fin,
Le temps dort dans la cendre du feu d'hier

Et la guêpe qui heurte à la vitre a cousu
Beaucoup déjà de la déchirure du monde.
Nous dormons, dans la salle d'en haut, mais nous allons
Aussi, et à jamais, parmi les pierres

. . . .

Oui, par le corps
Dans la douceur qui est aveugle et ne veut rien
Mais parachève.

Et à ses vitres les feuillages sont plus proches
Dans des arbres plus clairs. Et reposent les fruits
Sous l'arche du miroir. Et le soleil
Est haut encore, derrière la corbeille
De l'été sur la table et des quelques fleurs.

. . . .

Oui, par naître qui fit
De rien la flamme,
Et confond apaisés
Nos deux visages.

(Nous nous penchions, et l'eau
Coulait rapide,
Mais nos mains, là brisées,
Prirent l'image.)

. . . .

Oui, par l'enfant

Et par ces quelques mots que j'ai sauvés
Pour une bouche enfante. « Vois, le serpent
Du fond de ce jardin ne quitte guère
L'ombre fade du buis. Tous ses désirs
Sont de silence et de sommeil parmi les pierres.
La douleur de nommer parmi les choses
Finira. » C'est déjà musique dans l'épaule,
Musique dans le bras qui la protège,
Parole sur des lèvres réconciliées.

. . . .

Oui, par les mots,
Quelques mots.

(Et d'une main,

Certes, lever le fouet, injurier le sens,
Précipiter
Tout le charroi d'images dans les pierres
— De l'autre, plus profonde, retenir.

Car celui qui ne sait
Le droit d'un rêve simple qui demande
A relever le sens, à apaiser
Le visage sanglant, à colorer
La parole blessée d'une lumière,
Celui-là, serait-il
Presque un dieu à créer presque une terre,
Manque de compassion, n'accède pas
Au vrai, qui n'est qu'une confiance, ne sent pas
Dans son désir crispé sur sa différence
La dérive majeure de la nuée.
Il veut bâtir ! Ne serait-ce, exténuée,
Qu'une trace de foudre, pour préserver
Dans l'orgueil le néant de quelque forme,
Et c'est rêver, cela encore, mais sans bonheur,
Sans avoir su atteindre à la terre brève.

Non, ne démembre pas
Mais délivre, et rassure. « Écrire », une violence
Mais pour la paix qui a saveur d'eau pure.
Que la beauté,
Car ce mot a un sens, malgré la mort,
Fasse œuvre de rassemblement de nos montagnes
Pour l'eau d'été, étroite,

Et l'appelle dans l'herbe,
Prenne la main de l'eau à travers les routes,
Conduise l'eau d'ici, minime, au fleuve clair.

. . . .

Oui, par la main que je prends
Sur cette terre.

Et dehors
C'est l'éclair à nouveau,
Se détachant,
Criant par-dessous, glissant,
Décolorant
La fin du ciel dans les pierres.

Passant à gué
Le peu profond ruisseau parmi les pierres.

. . . .

Oui, par la beauté, nue,
Avec du déchiré, du forclos dans le mouvement de
        l'épaule.

Oui, par toi — arrêtée
Au gué du ciel,
Foudre, robe entrouverte
Sur l'abondance de la terre aux fruits obscurs.

. . . .

Oui, par la mort,
Oui, par la vie sans fin.

. . . .

Par hier réincarné, ce soir, demain,
Oui, ici, là, ailleurs, ici, là-bas encore

(Et du livre rêvé, le feu
A tourné les pages.
Il les prit à la nuque et les alourdit
De sa morsure.
Elles ont disparu, selon
Son axe courbe
Qui les arqua, ainsi
Le mystère d'amour.)

. . . .

Oui, par même l'erreur,
Qui va,

Oui, par le bonheur simple, la voix brisée.

. . . .
. . . .

S'enfle (oui rassemblé, brûlé,
Dispersé,

Sel
Des orages qui montent, des éclaircies,
Cendre
Des mondes imaginaires dissipés,

Aube, pourtant,
Où des mondes s'attardent près des cimes.
Ils respirent, pressés
L'un contre l'autre, ainsi
Des bêtes silencieuses.
Ils bougent, dans le froid.
La terre est comme un feu de branches mouillées,

Le feu, comme une terre aperçue en rêve),

Et brûle, oui, blanchisse puis déferle
(Vivre, nuées
Poussées mystérieusement, étinceler.
Finir,
Aile de l'impossible reployée)
La vague sans limite sans réserve

. . .   .

Les mots comme le ciel
Aujourd'hui,
Quelque chose qui s'assemble, qui se disperse.

Les mots comme le ciel,
Infini
Mais tout entier soudain dans la flaque brève.

LA VIE ET L'ŒUVRE D'YVES BONNEFOY

Né le 24 juin 1923, à Tours.

Études secondaires, puis de mathématiques et de philosophie à Tours, Poitiers et Paris.

A Paris depuis 1944. Voyages, notamment en Méditerranée et en Amérique. Travaux sur l'histoire des formes et des moments de la poétique.

Enseignements en diverses universités. Depuis 1981, professeur au Collège de France.

Principaux ouvrages publiés :

I. Poésie :

Traité du Pianiste, La Révolution la nuit, 1946.

Du mouvement et de l'immobilité de Douve, Mercure de France, 1953.

Hier régnant désert, Mercure de France, 1958.

Anti-Platon, Galerie Maeght, 1962.

Pierre écrite, Mercure de France, 1965.

L'Ordalie, Galerie Maeght, 1975.

Dans le leurre du seuil, Mercure de France, 1975.

Rue Traversière, Mercure de France, 1977.

Trois remarques sur la couleur, Thierry Bouchard, 1977.

Poèmes, Mercure de France, 1978.

Ce qui fut sans lumière, Mercure de France, 1987.

Récits en rêve, Mercure de France, 1987.

Les Raisins de Zeuxis, George Nama, 1987.

Là où retombe la flèche, Mercure de France, 1988.

Une autre époque de l'écriture, Mercure de France, 1988.

Quarante-cinq poèmes de W. B. Yeats suivis de *La Résurrection*, Hermann, 1989.

II. Essais :

Peintures murales de la France gothique, Paul Hartmann, 1954.

L'Improbable, Mercure de France, 1959.

La Seconde Simplicité, Mercure de France, 1961.

Arthur Rimbaud, Le Seuil, 1961.

Un rêve fait à Mantoue, Mercure de France, 1967.

Rome 1630 : l'horizon du premier baroque, Flammarion, 1970.

L'Arrière-pays, Skira, 1972.

Le Nuage rouge, Mercure de France, 1977.

L'Improbable suivi de *Un rêve fait à Mantoue*, nouvelle édition, Mercure de France, 1980.

Entretiens sur la poésie, La Baconnière, 1981.

La Présence et l'Image, Mercure de France, 1983.

La Vérité de parole, Mercure de France, 1988.

III. Traductions de Shakespeare :

Henri IV (I), *Jules César, Hamlet, Le Conte d'hiver, Vénus et Adonis, Le Viol de Lucrèce,* Club français du Livre, 1957-1960.

Jules César, Mercure de France, 1960.

Hamlet, suivi d'une « Idée de la traduction », Mercure de France, 1962.

Le Roi Lear, Mercure de France, 1965.

Roméo et Juliette, Mercure de France, 1968.

Hamlet, Le Roi Lear, précédé de « *Readiness, ripeness :* Hamlet, Lear », Folio, Gallimard, 1978.

Henri IV (I), Théâtre de Carouge, Genève, 1981.

Macbeth, Mercure de France, 1983.

Roméo et Juliette, Macbeth, précédé de « L'Inquiétude de Shakespeare », Folio, Gallimard, 1985.

Anti-Platon (1947) fut abrégé en 1962 à l'occasion de sa réédition à la Galerie Maeght avec des eaux-fortes de Joan Miró. C'est cette version nouvelle et définitive qui est ici reproduite.

Du mouvement et de l'immobilité de Douve (1953) est inchangé.

Hier régnant désert (1958) avait été assez profondément modifié à l'occasion de sa réédition en 1970 dans la collection Poésie, chez Gallimard. Mais il me semble aujourd'hui que ces pages ne peuvent prendre leur place dans l'ensemble de mes livres de poésie que sous la forme qui a permis en leur temps les développements ultérieurs. Je les préserve donc dans leur structure première, n'y apportant que quelques changements de détail qui clarifient peut-être en des points ce qu'il y avait là de superficiellement obscur ou d'indûment censuré.

Dévotion (1959), *Pierre écrite* (1965) et *Dans le leurre du seuil* (1975) restent conformes à leur édition originale.

(Note de l'édition du Mercure de France, 1978.)

ANTI-PLATON

DU MOUVEMENT
ET DE L'IMMOBILITÉ
DE DOUVE

THÉATRE

DERNIERS GESTES

DOUVE PARLE

HIER RÉGNANT DÉSERT

DEVOTION

PIERRE ÉCRITE

L'ÉTÉ DE NUIT

PIERRE ÉCRITE

DANS LE LEURRE
DU SEUIL

DERNIÈRES PARUTIONS

Ce volume,
le cent cinquante-huitième de la collection Poésie,
a été achevé d'imprimer sur les presses
de l'imprimerie Bussière à Saint-Amand (Cher),
le 28 décembre 1989.
Dépôt légal : décembre 1989.
1er dépôt légal dans la collection : mars 1982.
Numéro d'imprimeur : 10469.

ISBN 2-07-032221-1./Imprimé en France.
(Précédemment publié aux Éditions du Mercure de France.)
ISBN 2-7152-0031-5.

48090